オカマの日本史

禁忌《タブー》なき皇紀2681年の真実

山口志穂
Shiho Yamaguchi

ビジネス社

推薦文

命には賭《か》け時、賭け場所がある。

男にも、女にも、オカマにも——。


本書を処女作として送り出す、山口志穂は自ら「オカマ」と名乗る。

彼女のFacebookでの自己紹介だ。

「トランスジェンダー」……この名称、めんどくさいから「オカマ」ですけど、そんでも良ければ、よろしくお願い致します♬

山口さんはFacebookで「オカマの日本史」を連載していた。「オカマ」という切り口で、神話から現代までの日本の歴史を語る。三百六十五日、一日一話。一日も休まずやりきった。『古事記』から『新潮45』まで、すべて一次史料と事実を確実に特定できる文献に基づいて、物語を描く。

これが、おもしろい！

彼女を私が塾長をする倉山塾の関西支部に誘うと、またたくまに中心メンバーとなった。

私の『教科書では絶対教えない 偉人たちの日本史』（ビジネス社、二〇二一年）での打ち合わせの際だ。何かの史料の出典を探しているとき、アシスタントの雨宮美佐さん（倉山工房）に私が、「それ、『オカマの日本史』に書いてあったから、確認しといて。すぐ見つからなかったら山口さんに聞いといて」と会話していたのを、編集者の本間肇さんが「何それ？」と興味を持っていただいたのが、本書出版のきっかけだ。

それからは、あれよあれよとデビューにつながった。すべて本間さんとビジネス社唐津隆社長の英断である。

ただ、本書は三百六十五日の連載をそのまま流すいわゆる『ブログ本』ではない。分量を十分の一ほどに絞り、素材を厳選し、プロの文筆家として生きていくために修業をし、本書を完成させた。

最近、ＬＧＢＴが何かと話題である。えてして人を糾弾し、時には社会的地位を奪う武器とさえ化す。

そんな殺伐とした世の中だからこそ、「オカマ」という切り口で語るまったく新しい日本史を読み解き、現代の問題を考える材料としていただければ本懐である。

令和三年七月吉日

倉山　満

はじめに――オカマ二六八一年の日本史

「アンタは、女でなくてオカマよ！」

今となっては、本当にありがたい言葉です。

私は女でもなければ、このごろ流行《はや》りのトランスジェンダーでもなく、オカマです。オカマであることに誇りを持っています。

本書は、そんな私が公称二六八一年の歴史を持つ日本を、「オカマ」という切り口で語ります。題して「オカマの日本史」です。

最近は、「LGBT」なんて横文字で語られて何のことかよくわかりませんが、細かいことは本文で話しますので、とりあえず「オカマちゃん」とでも呼んでください。お伝えしたいのは、「当事者が語るオカマの日本史」「オカマにしか語れない日本史」です。そして、本書では『古事記』から『新潮45』まで、史料に基づいて日本の歴史を語ります。

ここで自己紹介をします。

私は昭和五〇年（一九七五年、以下西暦で統一）、普通の男の子として生まれました。

私が異変を感じたのは幼稚園の頃、男の格好もイヤだし、お人形遊びや『赤毛のアン』が大好きだし、しかも好きになるのは男の子でした。でも「男なのに女の格好をしたりするのは世界で私だけ」と思って、親にも友達にも誰にも言えない寡黙な年月が、小学校の高学年まで続きました。

そんなネクラな少年が転機を迎えたのが、テレビ番組『笑っていいとも！』で、〝Mrレディー〟の存在を知ったときでした。「あら、私だけじゃないんだ！」と！

でも、親にはどんなに訴えてもヘンタイ扱いされるだけ、親以外には大学入学まで誰にも言えない生活です。

そこで大学入学と同時にニューハーフクラブに入店することにしました。自分の居場所を見つけて浮かれました。「私は女よ！」って。

そんな浮かれた私に鉄槌《てっつい》を下された言葉こそ「アンタは女でなくオカマ！」でした。

この自己紹介は、私の個人的体験です。

でも私と同じように、多くの人が苦しんでいます。「オカマってヘンタイ」って白い目で見られながら生きねばならないのですから。

オカマだって、同じ人間です。普通に恋をし、普通に愛し合い、普通に結婚し、普通に親兄弟に祝福され、普通に一緒に生活をする。なぜ、オカマには許されないのですか？　男と女だったら当たり前のことが、白い目で見られ、苦しまないといけない……。

確かに、私はオカマです。子供は産めません、しかしだからこそ、これからも生まれてくるであろう私のような子供たちを守り、そして次世代に引き継ぐ責任があると思っています。

ところで、みなさんはご存じでしょうか。

そもそも、オカマはなぜヘンタイ扱いされるのか？　日本において、オカマはいつからヘンタイ扱いされるようになったのか。

その根源となる歴史を知ったとき、読者の皆さんは驚かれることでしょう。

一人でも多くの人に、日本におけるオカマの歴史を知っていただきたく、筆を執りました。ぜひ、本当の話をお読みいただきたいと願います。

令和三年七月一日

山口志穂

オカマの日本史——目次

推薦文　3
はじめに――オカマ二六八一年の日本史　5

第一章　神話の時代の男色――皇紀二六八一年の事始め
LGBT、男装、女装、そしてオカマって何？　18
日本で最初に男装と女装をしたのは誰？　20
オカマ目線でヤマトタケルノミコトを読むと？　23
阿豆那比《あずない》の罪――ゲイは罪だったのか？　26

第二章　平安仏教の男色――なぜ男色が市民権を得たのか？
男色の元祖は空海なのか？　32
『四分律《しぶんりつ》』――ガチ男色の罪　35
『稚児観音縁起絵巻《ちごかんのんえんぎえまき》』――美少年は仏の化身《けしん》！　ということにする　37
そして男色は文化になった　43
白河上皇《しらかわじょうこう》の登場――仏教界から貴族社会への男色文化の降下　44

第三章　院政期の男色——男色が歴史を動かす

院政は側近と男色が支えた　48
男色の〝親子どんぶり〟　49
平清盛と崇徳天皇の出生の謎　53
藤原頼長の淫乱《いんらん》日記　56
保元の乱は男たちの痴情のもつれが原因？　61
後白河天皇はデブ専で面食い？　62
平治《へいじ》の乱——信西《しんぜい》VS.新男色ネットワーク　66
源平合戦の男色　69

第四章　鎌倉時代の男色——男色文化の鎌倉への伝播《でんぱ》

源義経《みなもとのよしつね》に男色の記録はない　72
後鳥羽上皇のスパイ大作戦とマッチョな男色　75
後鳥羽上皇の男色ネットワークと実朝の暗殺　78
承久《じょうきゅう》の乱と男色ネットワークの崩壊　80

鎌倉武士への男色文化の降下 83
誓いを守れなかったお坊さん 85
親鸞と『日出処《ひいづるところ》の天子《てんし》』 88
七〇〇年前のゲイポルノ 90

第五章 室町時代の男色——庶民への男色文化の降下

田楽《でんがく》は七〇〇年前のＥＸＩＬＥ？ 94
足利義満《よしみつ》と世阿弥《ぜあみ》 95
足利義持の男色——赤松満祐《みつすけ》の受難 99
足利義教の男色——さらに続く満祐の受難 102
応仁《おうにん》の乱——まだまだ続くぞ、赤松家の受難 105
魔法使いになろうとした細川政元の男色 107
細川高国の男色 110
庶民への男色文化の降下 111

第六章 戦国時代の男色——宣教師は男色をどう見たのか？

中世ヨーロッパは男色家にとっての地獄　116
ザビエルの見た男色　118
大内義隆は男色オリンピックの金メダル候補？　121
織田信長《おだのぶなが》と森蘭丸《もりらんまる》　125
信玄が高坂弾正《こうさかだんじょう》に恥ずかしい手紙を書いた訳　127
本能寺《ほんのうじ》の変の浄愛　131
秀吉の耳打ちと不破万作《ふわばんさく》に見る衆道の世界　133
徳川家康が男色を必要とした理由　135
関ヶ原の戦いは浄愛の戦い　138
独立と男色を守った戦国日本　141

第七章　江戸時代の男色――なぜ幕府や藩は衆道《しゅどう》を禁止したのか？

小早川秀秋は男色ストーカー　146
伊達政宗にも恥ずかしすぎる手紙　148
殉死の強要と殉死禁止令　151
徳川綱吉《つなよし》の美少年ハーレム部屋　153

殉死の禁止で生まれた『葉隠《はがくれ》』と『奥の細道』 155
歌舞伎《かぶき》と陰間茶屋《かげまちゃや》 159
男色賛成論と反対論 162
西郷どんの心中事件 166
ストイックな女性蔑視《べっし》から生まれた薩摩の男色 168
司馬先生、何言ってんの? 173
板垣退助《いたがきたいすけ》の狼藉《ろうぜき》 176
明治維新は男色頂上決戦 179

第八章　明治大正の男色——なぜ男色はヘンタイとなったのか?

我が国最後の内乱も男色戦争 184
日本で男色が罰せられたのは一〇年足らず 186
異性装の罰則化 188
学生の餌食《えじき》になった森鷗外《もりおうがい》 190
男色が悪習と見られたのはなぜか? 194
変態性欲——性欲を正常と異常に分けた性欲学 199

『風と木の詩《うた》』と『パタリロ！』 201
「同性愛＝変態」は所詮《しょせん》一〇〇年の歴史 206
地下に潜った同性愛者たちの悩み 209

第九章 LGBTが市民権を得るまで——そして無知と軋轢《あつれき》

絶望が希望に変わったとき 216
釜《かま》ヶ崎《さき》のオカマ 217
ノガミの男娼と警視総監殴打事件 222
男娼の消滅とニューハーフクラブの誕生 226
男性同性愛者の出会いの場としてのハッテン場 228
伝説のゲイバー「ブランスウィック」 232
LGBTのメッカ新宿二丁目はどのように生まれたのか？ 235
LGBTをイデオロギーで語る虚《むな》しさ 240

おわりに——「〜のせい」ではなく「〜のおかげ」 247

第一章

神話の時代の男色

——皇紀二六八一年の事始め

月岡芳年《つきおかよしとし》『芳年武者无類《よしとしむしゃぶるい》』日本武尊《やまとたけるのみこと》、川上梟帥《かわかみのたける》

ＬＧＢＴ、男装、女装、そしてオカマって何？

本書では、日本の歴史において、オカマがどんな存在だったかを紹介し、読者の皆様に考えていただきたいと思いますが、その前に、オカマと言ってもいろいろありまして、混乱を避けるためにも最近よく言われる「ＬＧＢＴ」について簡単に説明しておきます。

まず「ＬＧＢ」について。

「Ｌ」はレズビアン（Lesbian）。女性が女性を愛することです。

「Ｇ」はゲイ（Gay）。男性が男性を愛することです。

「Ｂ」はバイセクシャル（Bisexual）。男性が男性も女性も愛する、もしくは女性が女性も男性も愛することです。

以上、「ＬＧＢ」は同性愛のことです。要は「恋愛対象の相手がどんな人なのか？」で、その道の人以外の人はこれで十分です。「その道」にもいろいろありますが、割愛します。

対して「Ｔ」はトランスジェンダー（Transgender）。体と心の性が一致していないことです。

体の性は男性なのに心の性が女性、逆に体の性が女性なのに心の性が男性、というふうに食い違っている状態です。トランスジェンダーはＬＧＢの方々と違って恋愛対象は関係なく、あくまでも心の問題です。

セクシュアリティマップ

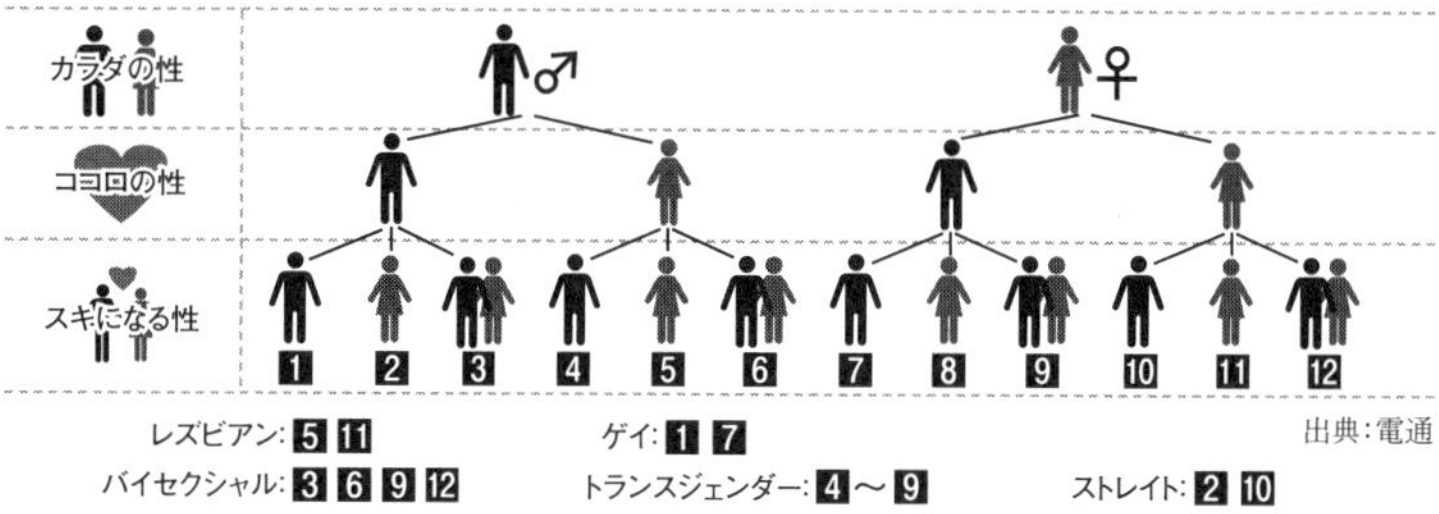

出典：電通

ちなみに私もトランスジェンダーです。体は男で生まれてきましたが、心は女でした。そして私の場合、恋愛対象は男性ですから、ゲイではなく異性愛者です。傍からは男と男の恋愛にしか見えないでしょうが、ゲイが同性愛なのに対し、トランスジェンダーは心の性ですから異性愛も同性愛も混在しています。これは、当事者にとっては、重大な違いなのです。

さらに詳しく言うと、恋愛対象と心の問題の他に、「異性装」が加わります。「男装」「女装」のことです。文字通り、男性が女性の格好をするのが女装、逆が男装です。

男性が女の人の格好をする女装の代表格がマツコ・デラックスさんやミッツ・マングローブさんです。彼らは体の性と心の性は男性で一致しています。トランスジェンダーではありません。マツコさんやミッツさんの恋愛対象は男性で、女性の格好をしていても心の性が男性ですから、分類ではゲイです。

本当はいくらでも語れるのですが、これ以上の細かい説明は皆さんも混乱されるだけなので、ここでやめておきます。フェミニズム系の本を読むと難しい定義が並んでいますが、「恋愛対象が同性なのか」「心と体の性が食い違っているか」「異性の格好をするか」の三つだけわかっていただければ十分です。

ちなみに、男性同性愛者のことを「ホモセクシャル（Homosexual）」と呼ぶ場合がありますが、この用語に本来差別的意味合いはありません。要するに、「ホモ」という用語が悪いのではなく、差別的意味合いに用いる人間に問題があるということです。そして、それは「オカマ」に関しても同様です。まずは以上のことを踏まえていただければと思います。

日本で最初に男装と女装をしたのは誰？

クイズです。

日本で最初の男装、男の格好をした女の人として記録されているのは誰でしょうか。

アマテラスオオミカミです。多くの人が剣道の道場なんかに「天照大神」「天照皇大神」の掛け軸が飾ってあるのを見たことがあると思いますが、その天照大神です。子供だと「テンテルダイジン」と読み間違えそうですが、「アマテラスオオミカミ」と読みます。「皇」の字が入ることもあるように、皇室のご先祖の神様です。ちなみに漢字がなぜ二種類あるかというと、音だけで伝えられてきた言葉に後から文字を付けたからです。「天照」は太陽のことですし、神様の中でも特に大事な神様なので「大神」です。この方は、女神様です。

では、なぜアマテラスが男装をしたのか。弟の須佐之男命（スサノオノミコト）が原因です。スサノオも神話の世界では有名人で、ヤマタノオロチを退治したヒーローです。ところがそのスサノオは、若い頃はマザコンで、シスコンでした。

わが国最初の歴史書である『古事記』、わが国最初の国史である『日本書紀』には、日本列島を作ったのはイザナギ、イザナミの夫婦だと記されています。「国産み神産み」です。スサノオは二柱の最後の子です。

スサノオは父のイザナギから海の統治を任されたのに、「死んだお母ちゃんに会いたいョ～！」と駄々をこねまくるので政治にならず、そのマザコンぶりに呆《あき》れたイザナギに勘当された後、「お母ちゃんに会いに行く前にお姉ちゃんに挨拶《あいさつ》しとこ！」と高天原《たかまのはら》に向かいます。高天原は天上界です。その高天原を統治しているのがお姉さんのアマテラスです。

スサノオ、性格はマザコンでシスコンの甘ったれですが、図体はデカイ。スサノオが歩いて向かってくるだけで地鳴りがしたほどです。だからアマテラスは「スサノオが高天

二代豊国『岩戸神楽乃起顕』（神奈川県立博物館蔵）。天安河の誓約の後、高天原で大暴れするスサノオに恐れをなしたアマテラスは、天岩戸にお隠れになりました。

原を奪いにきた！」と大パニックになりました。

そこでアマテラスが取った行動を『古事記』から紹介しましょう。なお、この本全体でそうですが、原文を読むのが面倒な人は読み飛ばしてください。

即《すなわ》ち御髪を解き、御《み》みづらに纏《ま》きて、乃《すなわ》ち左右の御みづらにも亦《また》御鬘《かづら》にも、左右の御手にも、各八尺《やさか》の勾璁《まがたま》の五百津《いおつ》のみすまるの珠《たま》を纏き持ちて、そびらには千入《ちのり》の靫《ゆき》を負ひ、ひらには五百《いお》入《のり》の靫《ゆき》を附け……

（次田昌幸『古事記（上）全訳注』講談社学術文庫、一九七七年）

アマテラスは、男装して誤魔化しました。自分の髪を解いて、「みづら」という男性の髪型にしました。そして武装してスサノオを天安河《あめのやすかわ》という高天原に流れる川で待ち構えたとあります。弟が会いに来たら武装して待ち構えるとは随分な話で、この後の展開もおもしろいのですが本筋ではないのでカットします。

とにもかくにも、日本史上最初の男装はアマテラス様、皇室のご先祖様です。

では、「日本史上最初の女装」は誰でしょうか。戦前の日本人は誰でも知っていました。日本武尊《ヤマトタケルノミコト》です。これは後に贈られた名前で、最初はオウスと名乗っていました。

オウスは第一二代景行《けいこう》天皇の皇子です。大変な乱暴者だったようで、『古事記』には兄をも殴り殺したとあります。恐れをなした天皇は、「西の方に熊曽建《クマソタケル》兄弟という従わない奴らがいるから退治してこい！」と命じます。

そこでオウスは叔母から衣装を譲り受け、剣を懐に入れて討伐に向かいます。

クマソタケルの家（現在の熊本県から鹿児島県周辺）に着いたオウスは、警護が厳重なのを見て「童女《おとめ》の髪の如《ごと》その結はせる御髪を梳《けず》り垂り、その姨《おば》の御衣御裳《みそみも》を服し、既に童女の姿に成りて」近づきます（次田真幸『古事記（中）全訳注』講談社学術文庫、一九八〇年）。

要するに少女の髪型にして叔母さんの衣装を着たわけですから、女装したのです。

そして、クマソタケルの家に侵入することに成功したオウスは、クマソタケル兄弟に「可愛いヤツ」と手招きされます。

その瞬間、まずは兄の胸を懐に忍ばせた剣で刺して殺し、続け様に弟も剣で刺します。弟は刺されながら「こんな強い人は西では私たち兄弟以外はいません、これからはヤマトタケルとお名乗り下さい！」と言った後、絶命しました（第一章扉の絵）。

オカマ目線でヤマトタケルノミコトを読むと？

このヤマトタケルによるクマソタケル弟の殺害場面、オカマ目線だと、これでもかと艶《なまめ》かしく読めます。『古事記』の原文です。

その弟建《おとたける》見畏《みかしこ》みて逃げ出でき。すなはち追ひてその室の椅《はし》の本に至り、その背《そびら》の皮を取りて、剣を尻《しり》より刺し通したまひき。……その刀《たち》をな動かしたまひそ。僕《われ》白言《もう》すことあり……信《まこと》に然《しか》ならむ。西の方に吾二《われ》人を除《お》きて、建《たけ》く強き人無し。然るに大倭国《おおやまとのくに》に、吾二人に益《まさ》りて建き男《お》は坐《ましま》しけり。ここをもちて吾御名を献《たてまつ》らむ。今より以後は、倭建御子《やまとたけるのみこ》と称《とな》ふべし

訳すと、「そのぶっ刺した剣を動かさないで！　自分たちより強い男は貴方だけです!!　だからこれからはヤマトタケルと名乗ってください!!!」です。しかも剣が刺さっている場所は……オシリです。「剣を尻より刺し通したまひき」とあります。

同じ場面を、『日本書紀』で確認しましょう。

川上梟帥、其童女の容姿に感《め》でて、手を携えくみて席《しきい》を同《ともにし》て、杯《さかずき》を挙げて酒を飲ませつつ戯《たわむ》れ弄《まさぐ》る。ときに更深《よふけ》人闌《うすら》ぎぬ

（黒板勝美、國史大系編修会編『新訂増補〈普及版〉國史大系　日本書紀　前篇』吉川弘文館、一九七三年）

いろいろと事実関係に違いがあります。『日本書紀』では、クマソタケルは川上梟帥《カワカミノタケル》に、さらに兄弟ではなく一人になっています。やはり女装してますが、その後が注目です。

女装したヤマトタケルを見たカワカミノタケルは「可愛い！」と思って、手に手を取って寝室で一緒に寝て（「席《とも》を同《にし》て」）、お布団の中で二人は「戯れ弄《まさぐ》」っているのです。そして夜更けにカワカミノタケルが酔っ払ったところを、胸を刺して殺したとあります。

間違いなく、ヤっちゃってます。ということは、一〇〇パーセント、カワカミノタケルはヤマトタケルが男だとわかっていたはずです。

これをオカマ目線で解釈します。

『古事記』……ヤマトタケルにお尻をぶっ刺されながら「ア～ン、そのぶっ刺したモノを抜かないで～、あたしより強い男ってア・ナ・タ・だ・け、だからこれからはヤマトタケルと名乗ってちょうだい！」とヨガッたのがクマソタケル。

『日本書紀』……カワカミノタケルと女装したヤマトタケルはお手々つないでお布団の中でイチャついて、ヤることはしっかりヤった夜更けにカワカミノタケルは殺される。

日本史上最初のオカマとして記録されているのも、ヤマトタケルです。

阿豆那比《あずない》の罪——ゲイは罪だったのか？

男性の同性愛のことを、昔は「男色（なんしょく、だんしょく）」と言いました。ヤマトタケルは、日本史最初の英雄かつ男色を記録されている人物です。

そのヤマトタケルの孫の第一四代仲哀《ちゅうあい》天皇の皇后が、神功皇后《じんぐうこうごう》です。神功皇后と言えば、朝鮮半島の新羅《しらぎ》・百済《くだら》・高句麗《こうくり》を叩きのめした三韓《さんかん》征伐で、戦前の日本人は知らぬ者のいない英傑でした。その帰路、紀伊（和歌山県）の小竹宮《しののみや》に着いたときに不思議な現象が起きます。『日本書紀』から。

昼の暗きこと夜の如《ごと》くして、已《すで》に多くの日を経たり。時人《ときのひと》の曰《いわ》く常夜行《とこやみいく》と云《い》いたり。皇后問紀《き》の直《あたい》の祖豊耳《おやとよみみ》に曰く、是《こ》のあやしさは何の由ぞ。時に一の老父《おきな》有て曰く、このしるしをば阿豆《あず》那比之罪《ないのつみ》と伝へ聞く。何の謂《いい》ぞと問い玉ふ。対して曰く、二社の祝者共に合葬《あわせおさ》むるか。因《よ》りて以《もっ》て推問わしむ。巷里《むら》に一人有て曰く、小竹祝《しののはふり》と天野祝《あまののはふり》と共に善友《うるわしきとも》たり。小竹祝逢病《やまい》して死《みまか》りぬ。天野祝血泣《いさ》ちて曰く、吾《わ》れ生けるときに交友《うるわしきとも》たりき。何ぞ死して穴を同じくすること無からんや。則《すなわ》ち屍《かばね》の側《ほとり》に伏して自ら死《まか》りぬ。仍《よ》りて合葬《あわせおさ》む。蓋《けだ》し是れか。乃《すなわ》ち墓を開きて視るに実なり。故《か》れ更に棺櫬《ひつぎ》を改めて、各《おのおの》処《ところ》を異にして埋む。則ち日の暉炳燦《ひかりて》りて、日夜別《わきだめ》有り

※原文旧字。新字にした

昼だというのに夜が何日も続いています。

月岡芳年『日本史略図会　第十五代神功皇后』。
阿豆那比の罪は、この三韓征伐の帰路におこります。

　不審に思った神功皇后はその理由を老人に尋ねると「小竹祝《しののはふり》と天野祝《あまののはふり》という大変仲の良い神職の男がいましたが、小竹祝が病気で死んでしまい、そのために天野祝は血の涙を流すくらい泣き、『私とアイツはずっと一緒の友達だから、死んでも同じ墓に埋めてくれ～！』と言い残して後追い自殺した、それで合葬した」と答えます。そのために起こったこの不思議な現象を「阿豆那比《あずない》の罪」と言います。

　この後、「二人の墓を別々に作ると昼夜が元に戻った」となるのですが、これについて男色研究の第一人者である岩田準一氏は「我国男色の、正史に現れたる始め」と指摘

男色研究の第一人者、岩田準一（1900〜1945）

されています（岩田準一『本朝男色考』千巻産業、一九七三年）。

私はヤマトタケルの方が先だと考えていますが。まぁ、どちらが第一号かはともかく、血の涙を流して泣いた上に「同じ墓に埋葬して〜！」と言い残して後追い自殺したのですから、これが男色なのは間違いないでしょう。

そんなことよりも、「阿豆那比の罪は男色が罪だったという意味なのか？」という方が問題です。

岩田氏は、「これは旧約聖書にあるソドムの瀆罪《しょくざい》と同じく、神の忌《いみ》を受けた男色の罪」と言っています。ソドムの瀆罪とは、『旧約聖書』の「創世記」にあります。

ソドムの町の人々は、若い者も老人も、民がみな四方からきて、その家を囲み、ロトに叫んで言った、「今夜おまえの所にきた人々はどこにいるか。それをここに出しなさい。われわれは彼らを知るであろう」……彼らは言った、「退け」。また言った、「この男は渡ってきたよそ者であるのに、いつも、さばきびとになろうとする。それで、われわれは彼らに加えるよりも、おまえに多くの害を加えよう」。彼らはロトの身に激しく迫り、進み寄って戸を破ろうとした。……

ふたりはロトに言った、「ほかにあなたの身内の者がここにおりますか。あなたのむこ、むすこ、娘およびこの町におるあなたの身内の者を、皆ここから連れ出しなさい。われわれがこの所を滅ぼそうとしているからです。人々の叫びが主の前に大きくなり、主はこの所を滅ぼすために、われわれをつかわされたのです」

（日本聖書協会『口語訳　旧約聖書』古典教養文庫、二〇一三年）

要するに、「ソドムの街では甚だしい性行為が行われていたので、ソドムの街が神の怒りに触れて破壊された」と言っているわけです。そして、今でもソドミー（sodomy）とは、主に男性同性愛について表す用語として使われ、現代でもソドミー法として同性愛者を取り締まる法律が存在している国もあります。

しかし、私は、岩田氏のこの見解、どうも納得できません。なぜなら、この二人が生前に男色行為をしていても、昼なのに夜のようになるという罪になっていないからです。

神道の話ですから、神道の知識で読み解きましょう。例えば厳島神社《いつくしまじんじゃ》にカップルで参拝したら女神様《イツキシマヒメ》が嫉妬《しっと》して別れるという迷信がありますし、富士山が明治まで女人禁制だった理由も、浅《せん》間大社《げんたいしゃ》の女神様《コノハナノサクヤヒメ》が嫉妬するからという説もあります。

小竹祝と天野祝は、それぞれ別の神社の祝でした。迷信とは言え今でもそんな話があるくらいなのに、ましてや古代の神職が自分の仕える神様を放っておいて「死んでも一緒！」とか言ってたら神様が嫉妬しないはずはないのです。

要するに、この二人の罪とは『旧約聖書』のソドムのような男色の罪なのではなく、職場放棄して放っておかれたことに嫉妬して怒った神様に対する罪でしょう。

「記紀」に出てくる男色の話はこれくらいです。

それが、神功皇后から数百年の時を超えて、「日本史を語るのに男色なしでは語れない」と断言しても良いほどに変貌《へんぼう》させる人物が現れます。

それを次の章で見ていきましょう。

第二章

平安仏教の男色

——なぜ男色が市民権を得たのか？

空海《くうかい》（774〜835）

男色の元祖は空海なのか？

どこの国でもそうですが、古代史は史料がほとんどありません。古い時代の史料が残らないのは、普通のことです。そして、残された数少ない史料の中で男色（同性愛）について言及している箇所など、ほとんどあるはずがありません。どこの国でも性に関する記述はタブーであって、記録が少ないのは当然です。

我が国の『古事記』や『日本書紀』が、古代日本人のおおらかな性生活を、あけっぴろげに詳述しているのが不思議なくらいなのです。そんなことを国家の正史で書くなんて、平和だった証拠でしょう。

だいたい、ヨーロッパや儒教世界では男色は罪です。それ以前に、セックスが罪です。正確に言えば、生殖目的以外のセックスが罪とされました。

例えば『旧約聖書』の「創世記」には、「オナンの罪」が出てきます。「オナニー」の語源です。では、旧約聖書の該当箇所を読んだらどういうことが書いてあるか。オナンさんは、膣外《ちつがい》射精をしてしまいました。オナンが何の罪で罰せられ、全世界に「オナニーの語源の人」として晒《さら》されているかと言うと、「子供を作る気がないのにセックスした」です。第一章で「ソドムの瀆罪《しょくざい》」が出て来ましたが、男色が罪となるのも、全く同じ理屈です。

現代日本人は、「何を言っているんだ」と訝《いぶか》しがるでしょう。でも、世界には日本人と異なる価値観の人だらけなのです。

一九世紀になっても、レフ・トロストイという敬虔《けいけん》なキリスト教徒で文豪と評される人は、「女なんて子供を産む道具だ」「生殖以外でセックスするなんて、神様に対する反逆だ」とか、今の日本人の感覚からすると無茶苦茶なことを平気で書き残しています。

これがイスラム教の多くの宗派で「見つかり次第、死刑」ですし、チャイナになると……とか書き出すと主題から離れすぎますので、これくらいに。とにもかくにも、どこの国でも性そのものがタブーなのです。

一方で日本では違いました。セックスにはおおらかです。そして、男色そのものは罪ではありません。だから、それなりに性生活について、記録に書き残されているのです。

そして、平安時代になると、「男色の何が悪いの?」という考え方が広まっていきます。「だって、弘法《こうぼう》大師だってゲイだったんだもん!」と正当化に使われたのが、平安初期を代表するお坊さんの空海《くうかい》です。弘法大師空海と言えば、誰でもご存じであろう、平安初期の人で、真言宗《しんごんしゅう》を開いたお坊さんです。その空海様が、後々まで「日本で男色を広めた人」とされています。例えば、江戸時代の浮世草子《うきよぞうし》作家である井原西鶴《いはらさいかく》の『男色大鑑《なんしょくおおかがみ》』です。

井原西鶴（1642?～1693）

この道のあさからぬところを、あまねく弘法大師［世ニ男色ノ開祖トイワレル］のひろめたまはぬは

（富士正晴訳『男色大鑑』角川ソフィア文庫、二〇一九年）

まじめな実証史学の結論ですが、空海が男色をしたという記録はどこにもありません。少なくとも、私は見たことがありません。当たり前の話ですが、男と男がセックスするなんて自然発生的に起こることです。男色の元祖は空海と言われても、「あり得ない」の一言で終了でしょう。空海以前に男同士のセックスがなかったって証明しない限り、「空海が男色の最初」なんて言えるはずがありません。

では、「空海が男色の最初」と言っていた井原西鶴を、嘘だとバッサリと切り捨てて良いのでしょうか。仮に「日本の男色は空海さんが最初」「だから男色はＯＫ」みたいなデタラメがまかり通っていたとして、それをぶった切るのは簡単です。でも、そんなデタラメがまかり通ったという事実を、検証することに意味があると思うのです。

そこでこの章では、なぜ男色の元祖は空海と呼ばれるのか？　を考察してみます。

話を戻すと、井原西鶴の『男色大鑑』は、冒頭からしてぶっ飛んでいます。例えば「吉田の兼好《けんこう》法師は、清少納言《せいしょうなごん》が甥《おい》の清若丸にやった、千度のかよはせ文は」とあります。『徒然草《つれづれぐさ》』で有名な兼好法師（一二八三～一三五二）が、清少納言（九六六頃～一〇二五頃）の甥っ子にラブレターを送ったとのことです。けれども、吉田兼好が鎌倉後期の人で清少納言は平安中期の人ですから、明らかに嘘です。時代考証を、三〇〇年くらい間違えています。一事が万事この調子で他にもぶっ飛び珍説が書いてありますけども、まぁ西鶴サンとすれば、男色について語りたいモチベーションがあったんでしょう。

話を、盛りすぎですが。

『四分律《しぶんりつ》』――ガチ男色の罪

空海以前の仏教界は男色を容認していたのでしょうか？　実は仏教は女性とのセックスを禁止していますし、ゲイも禁止です、本来は。ところが、日本史の史料を見ていくと「お坊さんと言えばゲイ」「お稚児《ちご》さんはゲイの相手」みたいな固定観念を持ちたくなります。それくらいゲイは大手を振っています。「女とヤれないのなら、男だ!」と言わんばかりに。では本当はどうだったのか。

現実を検証したいと思いますので、奈良時代の史料をご紹介します。律宗《りっしゅう》の鑑真《がんじん》（六八八～七六三）がチャイナ（唐《とう》）から伝えた経典である、『四分律』の中の「婬戒《いんかい》」からです。

時に比《び》丘《く》あり、男根起《た》つ、異比丘即《すなわ》ち持つて自ら口内に内《いれ》る。此《こ》の比丘以《もっ》て楽みと為《な》さず、即ち却《しりぞ》けて受けず。疑を生ず、我れ将《ま》た波《は》羅《ら》夷《い》を犯すなからんや。仏言はく、汝《なんじ》は犯さず彼の比丘は犯す

（武光誠監修『日本男色物語』カンゼン、二〇一五年）

訳すと、「ある比丘（僧侶《そうりょ》）の男根が立った（勃起《ぼっき》した）。そこで他の比丘が、その勃起した男根を口に含んだ（つまりフェラした）が、フェラされた比丘は嫌がって止《や》めさせた。仏様は、ムリヤリフェラされた方は無罪とし、フェラした方を有罪とした」のです。勃起しただけでは罪になりません。体が自然に反応するのは、仕方ありませんし。

他の箇所からもう一つ。

時に悪比丘、悪沙弥《しゃみ》、悪阿蘭若《あらんにゃ》あり、眠比丘に於《お》いて、大便道、口中に於て淫を行じ、彼れ眠りて覚める、目覚めて已《おわ》りて知り、楽を受く、還出して疑ふ。仏言はく、「汝楽を受けくるや不《いな》や」。答えて言はく「受く」。仏言はく「二倶《とも》に犯す」

これを訳すと「比丘よりも下級の僧侶たちが、眠っている比丘の肛門と口を襲った（要するにア

ナルセックスとフェラしてきた）が、目覚めた比丘は感じちゃった。仏様の判定は、全員有罪とした」です。

ここでポイントは、「感じちゃった」です。つまり、性行為そのものよりも、「そのときの僧侶の心がどうだったのか？」を重視して罰しているのがよくわかります。宗教ですから、心のあり方を大事にするのは当然です。

こうした戒律が必要になるということは、空海登場以前から仏教界に男色が流行《はや》っていた証拠ではあります。もしも男色がないのなら、そもそもこんな戒律なんていらないのですから。

『稚児観音縁起絵巻《ちごかんのんえんぎえまき》』——美少年は仏の化身《けしん》！　ということにする

お坊さんの男色のお相手と言えば、お稚児さん。それは、みなさんご存じだと思います。そこで、文化史では有名だけど、一般にはほとんど知られていない話をご紹介します。

奈良興福寺《こうふくじ》の菩提院《ぼだいいん》に、稚児観音という仏像が安置されています。そして、ここには『稚児観音縁起絵巻』という絵巻物が伝わっています。それ、どんなお話か。

大和国《やまと》（奈良県）の長谷寺《はせ》の近くに六〇歳を越えた偉いお坊さんがいましたが、弟子が一人もいないので、それを嘆いて三年間の長谷寺詣《もう》でを始めます。

三年間必死で祈願したのにその甲斐《かい》もなく、嘆きながらの帰り道、一三歳くらいの横笛を吹いた

『稚児観音縁起絵巻』(重文・香雪美術館蔵)

美しい少年に出逢《であ》います。不審に思ったお坊さんは「こんな深夜にこんな山野で何してるの?」と少年に尋ねます。

少年は「私は東大寺にいたのですが、お師匠さんと喧嘩《けんか》して逃げてきました、だから私を置いてくれませんか?」と言うので、お坊さんは、すっかり喜んで早速連れて帰りました。

連れて帰ったお坊さんはお布団で少年と遊び、楽しく過ごしました。原文では、「ふすまの下に夜を明かし」です。ところが楽しい生活も長くは続かず、三年後に少年は亡くなりました。

少年は「私が死んだ後も、土に埋めたりせずに棺《かん》に入れて、三五日過ぎたらその棺を開けてほしい」と遺言します。遺言を守ると三五日目、棺を開けたら金色の十一面観音が現れました……!

観音様は「お前の願いを叶《かな》えるために美少年にかたちを変えて、今生《こんじょう》だけでなく来世もと二世の契りを結んだ。今から七年後の八月十五日に必ず迎えに来る」と言って、消えて行きました。などと、『稚児観音縁起絵巻』は最後を、美しく締め括《くく》っています。

今、奈良の菩提院の児観音《ちごかんのん》、是《これ》なり。此《この》観音に契《ちぎり》をかけて参詣《さんけい》し、功《こう》を積人《つむひと》、たぞに利益して、正しく童子の身を現じ給《たまう》。しかるに近さと遠山の大衆集《だいじゅつどい》て、法花大乗《ほっけだいじょう》を書写せしかば、内証の功徳をあらはし、忽《たちまち》に生身の躰《からだ》を現じ御坐《おわします》。三世の諸仏の出世の本懐とし給は、今、此の大聖観音自在尊の内証の御功徳なり

（小松茂美編『続日本の絵巻20　当麻曼荼羅縁起《たいままんだらえんぎ》　稚児観音縁起』中央公論社、一九九二年）

要約すれば「菩提院に安置されている稚児観音に参拝し、功徳を積めば、この観音様が童子の姿になって現れてくださいますよ」。

さて、このお話は何を伝えようとしているのでしょうか？

説明が前後しましたが、お稚児さんとは、お寺でお坊さんになる前の少年たちのことです。少年を稚児にする儀式のことを稚児灌頂《かんじょう》と言います。観世音菩薩《かんぜおんぼさつ》の安置された堂内で儀式が執り行われた後、阿闍梨《あじゃり》法師は灌頂を受けた稚児の前に進み出て礼拝して決まり文句を言います。

汝《なんじ》、今日より以降は本名の下に丸といふ字を加へて××丸と称すべし。この灌頂はこれ観音の大慈大悲の灌頂なり。汝ただ慈悲ありて一切衆生《しゅじょう》を度せよ。………なんぢの身は深位の薩埵《さった》、往古の如来《にょらい》なり

（稲垣足穂《いながきたるほ》『少年愛の美学』徳間書店、一九六八年）

少年は灌頂を受けることで稚児となり、「××丸」と名乗ります。肝心なのはその後です。稚児になった瞬間に「深位の薩埵、往古の如来」、つまり仏の化身になります。

それを踏まえて『稚児観音縁起絵巻』を再度読んでみてください。少年は東大寺にいたのですから、当然ながら稚児です。お坊さんはその稚児とセックスをしています。そして、稚児は仏の化身なのですから「その稚児を抱くことは功徳を積める」となるわけです。

要するに、お坊さんによる男色行為の正当化、言い訳作りです。

こうした平安時代の空気、いろんな史料に次々と出てきます。

『宇治拾遺物語《うじしゅういものがたり》』は、鎌倉時代前期に成立し、「雀の恩返し」や「こぶとりじいさん」などの今の私たちも知っている昔ばなしも多く収録されています。その中に、お坊さんと稚児の男色話があります。

延暦寺《えんりゃくじ》のトップである天台座主《てんだいざす》にまで登り詰めた平安中期の僧の増誉《ぞうよ》は、呪師《じゅし》小院という少年を田楽舞で見つけ、稚児として召し抱えます。

この童《わらわ》、あまりに寵愛《ちょうあい》して、「よしなし。法師になりて、夜る昼はなれず、つきてあれ」とありけるを、童、「いかゞ候べからん。あましばし、かくて候《そうら》はばや」といひけるを、僧正、なをいとおしさに「ただなれ」とありければ、童、しぶしぶに法師に成てけり

（三木紀人・浅見和彦・中村義雄・小内一明校注『新 日本古典文学大系　宇治拾遺物語　古本説話集』岩波書店、一九九〇年）

増誉は小院を余りにも愛したので、「出家して、いつまでもワシの側を離れんといてくれ！」と訴えるんですけども、小院は「もう少し待ってください……！」と渋ります。しかし結局根負けして、小院は渋々出家してお坊さんになります。

しかし増誉は日が経つうちに、小院の昔の面影が忘れられなくなります。そこで小院がまだ出家する前に着ていた田楽舞の装束を持って来させて、本人が嫌がるのをムリヤリ着せて田楽舞を踊らせると、増誉は「何で出家させたんだろう……」と泣くので、小院も「だからもう少し待ってってって言ったじゃないですか！」とむくれます。そして「装束ぬがせて、障子のうちへ具して入られにけり。そののちは、いかなる事かありけん、知らず」、つまり、小院の着物を脱がせて二人は障子の中へ。最終的には、ヤっちゃいました。

要するに、えらいお坊さんが美少年にコスプレさせ、「失敗したなあ」と思いながら、最後には

ヤっちゃったお話です。

こういう話が珍しくもなんともなく、『宇治拾遺物語』以外にも『古今著聞集《ここんちょもんじゅう》』や『後拾遺和歌集《ごしゅういわかしゅう》』などにも、数多く収録されています。週刊誌のゴシップ記事のごとく「バッカじゃないの?」とあきれている雰囲気はありつつ、「人倫に悖《もと》る罪」みたいなふうには書いていません。本当にそうなら、載せませんし。

では、これがヨーロッパ、つまりキリスト教社会ならどうなるでしょうか?

一七世紀、イタリアの修道院長だったベネデッタ・カルリーニという女性は、修道女との間にレズビアンの関係にありましたが、彼女は、レズ行為の正当化のために「イエス・キリストと結婚するという幻視体験をした」としていました。つまり、言い訳をしているのです。ベネデッタの論理は、まさに「お坊さんの男色するための論理」と同じなのですが、彼女は教会の審問を受けて有罪に、そして三五年にもわたる牢獄《ろうごく》生活を送って悲劇的に亡くなりました（細川涼一『逸脱の日本中世』洋泉社、一九九六年）。

つまり、同じ論理を使っても、キリスト教社会においては罪となり、日本では男色の発展に貢献したわけです。

日本では、前述のように、お坊さんと稚児の男色の逸話や和歌が多く収録されています。和歌は一種のラブレターです。それだけ、僧侶と男色は切っても切れない関係になっていたということが言えます。

そして男色は文化になった

「一稚児二山王《さんのう》」という言葉があります。

比叡山延暦寺《ひえいざんえんりゃくじ》（滋賀県）と言えば、言わずと知れた伝教大《でんぎょうだい》師最澄《さいちょう》が天台宗《てんだいしゅう》の総本山であり、現代の私たちが知っている浄土真宗《じょうどしんしゅう》や曹洞宗《そうとうしゅう》や日蓮宗《にちれんしゅう》などといった多くの宗派も、元を辿《たど》れば天台宗に行き着きます。そんな延暦寺を守護するとして崇敬されたのが、日吉社《ひえしゃ》（山王）です。

鎌倉時代後期の『渓嵐拾葉集《けいらんしゅうようしゅう》』（一三一八）には、最澄が初めて比叡山に登ったとき、まず童子（稚児）に会い、次に山王に出会った、とあります。

比叡山を守護する山王よりも稚児の方が上と見なされたわけで、だから一稚児二山王と呼ばれるわけです。ここで重要なのは、この話が事実だったか否かではありません。こうした逸話が信じられていたという事実です。

那智山青岸渡寺《なちさんせいがんとじ》（和歌山県）

こうした事情は当然、空海の真言宗も同様であり、「高野六十那智《なち》八十」との言葉が残されています。高野は言わずと知れた真言宗金剛峯寺《こんごうぶじ》のある高野山のこと、那智とは那智の滝のある青岸渡寺《せいがんとじ》（いずれも和歌山県）のことです。「高野六十那智八十」とは、高野山には六〇歳、那智山には八〇歳を越えてもいまだに色っぽいお坊さんがいるということで、なぜ色っぽいかと言えば、もちろん男色をしているからです。

以上、男色が普通に文化的に定着していったのが平安時代ということがおわかりいただけましたでしょうか。平安時代は、仏教が絶大な力を持っていた時代です。そのお坊さんたちがやっている男色は、ある種の市民権を得ていました。その正当化に「美少年は仏の使い」とか無茶を言うのはいかがなものかと思われるかもしれませんが、とにもかくにも他の国と違ってセックスにおおらかな日本が、男色にもおおらかとなりました。

白河上皇《しらかわじょうこう》の登場——仏教界から貴族社会への男色文化の降下

最澄の天台宗と空海の真言宗は、開宗当初から皇族・貴族と固く結び付いていました。仏教界側は、皇族や貴族のために加持祈禱《かじきとう》し、皇族や貴族は、寺院への援助や荘園の寄進を行います。荘園とは、公権力の介入を排除できる私有地のことです。そうした両者の結び付きの中で、仏教界の男色文化が貴族社会に降りてくるようになります。

平安時代の貴族にも男色はあります。在原業平《ありわらのなりひら》の『伊勢物語《いせものがたり》』や紫式部《むらさきしきぶ》の『源氏物語《げんじものがたり》』にも出てきます。そんな紫式部のパトロンが、摂関政治《せっかんせいじ》の全盛期の藤原道長《ふじわらのみちなが》です。

摂関政治とは、藤原氏から娘を皇室に送って皇子《みこ》を産ませ、その皇子を天皇とすることで、皇室の外戚《がいせき》として、天皇が幼少のときには摂政《せっしょう》、成人すれば関白《かんぱく》として、藤原氏が実権を握り続けるというシステムです。

道長の子の藤原頼通《よりみち》は、一〇円玉にもデザインされている宇治の平等院鳳凰堂《びょうどういんほうおうどう》を造ったことで有名で、そのために「宇治殿」と呼ばれました。そんな頼通にも「長季は宇治殿の若気也」と男色は記録されています（『古事談《こじだん》』）。

頼通の姉妹は皇子を産みましたが、頼通や弟の教通《のりみち》の娘たちは皇子を産むことができず、という藤原氏を外戚に持たない第七一代後三条《ごさんじょう》天皇が即位なさると、藤原氏による摂関政治は崩れ去り、天皇親政が実現します。

後三条天皇の跡を継いだ第七二代白河天皇（一〇五三～一一二九。在位一〇七二～一〇八六）も一四年間の親政を行い、第七三代堀河《ほりかわ》天皇（在位一〇八六～一一〇七）に譲位後も、上皇、法皇（院）として第七四代鳥羽《とば》天皇（在位一一〇七～一一二三）、第七五代崇徳《すとく》天皇（在位一一二三～一一四一）と三代四三年（一〇八六～一一二九）に渡って実権を握り続けました。院の御所で政治を執り行ったので、院政と呼ばれます。

この白河上皇の登場によって、男色が日本史を動かす重要なファクターとなって行きます。

第三章

院政期の男色
——男色が歴史を動かす

『平治物語絵巻』(国宝・東京国立博物館蔵)

院政は側近と男色が支えた

日本人では院政をやった方がうまくいく場合があります。公式の最高権力者だと儀式や社交など煩わしい日々の仕事に忙殺されますが、地位を退けば解放されます。だから、裏に回って責任のない地位で権力を振るう、院政が行われます。

例えば田中角栄です。角栄は元首相ではあるけれども、単なる一人の衆議院議員にすぎませんでした。しかし絶頂期には総理大臣の首をすげ替え、政治家・官僚・財界人で角栄に頭が上がる者は誰もいないほどの権勢を誇りました。日本の政治のすべては、角栄の屋敷である目白御殿で決められました。そして田中院政と呼ばれました。

これは最初に院政を行ったとされる、白河《しらかわ》上皇も同様です。白河上皇（出家してからは法皇）は、現役を引退した天皇です。ときどき勘違いされるのですが、上皇になれば即座に院政が行えるのではありません。だいたい、複数の上皇がいる場合、誰が院政を行うのかで争いごとになります。また、天皇が権力を手放さない場合には院政そのものが行われません。権力を持っている上皇だけが、院政を行えるのです。

そして歴代の院政を行った上皇には共通点がありました。それは、上皇を支える側近がいました。院政を行おうとした場合、公式の官僚機構を要する朝廷を支配せねばなりません。また、朝廷の隅々にまで人脈を張り巡らし、富と権力を独占する藤原氏を掣肘《せいちゅう》しなければなりません。

そこで上皇は、独自の側近グループを作ります、これを院の近臣と言いました。さらに、自らの身の安全を図るためには武力も必要です、そこで北面《ほくめん》の武士を置きます。こうした側近グループと親衛隊を形成、維持するために用いられたのが男色でした。

そう言えば、田中角栄にも親衛隊がいました。その中心人物は小沢一郎と梶山静六で、あまりに仲がいいので「あの二人、デキてんじゃない？」と噂《うわさ》されるほどだったとか。ただ、実際の肉体関係があったとは考えにくいですね。男性同士の友情は肉体関係を伴わない場合が多々ありますが、こういうのを「浄愛《じょうあい》」と言い、民俗学者の南方熊楠《みなかたくまぐす》が名付けました。これは、後ほど詳しく述べます。

逆に、肉体関係の伴う場合が「不浄愛」です。白河上皇のネットワークは、「不浄愛」で構築されました。

男色の〝親子どんぶり〟

白河上皇は、女性関係も乱脈を極めた方なのですが、男性関係にも熱心です。

毒牙《どくが》にかかった代表が、藤原道長の曽孫にあたる藤原宗通《むねみち》で、幼名を阿古丸。その幼名を名付けたのが、白河上皇でした。一一七〇年頃に成立した『今鏡《いまかがみ》』には、「むねときめき給ひしか　するもひろく栄え給へり　白河院の御おぼえにおはしき」とあり（須永朝彦『美少年日本史』国書刊行会、

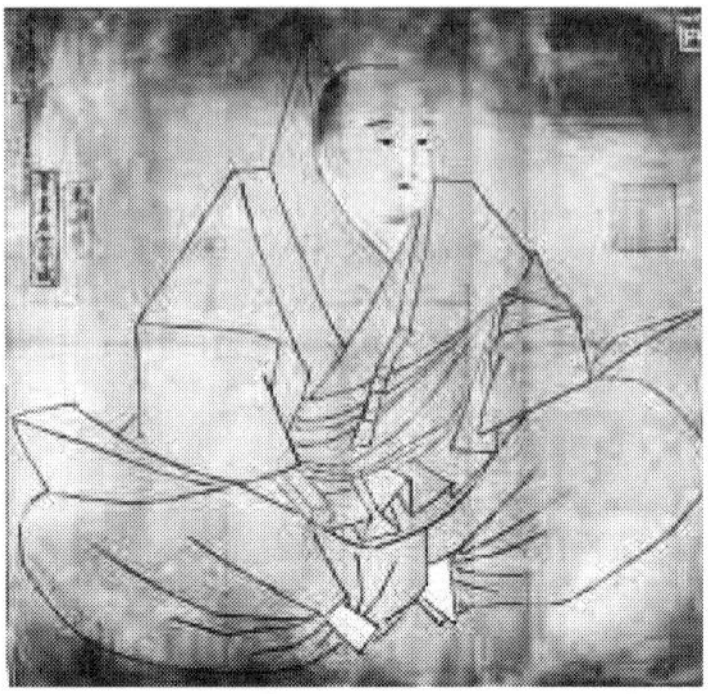

白河天皇(1053〜1129)

二〇〇二年)、宗通は白河上皇の覚えめでたく、寵愛《ちょうあい》を受けたので、末代まで栄えたとのこと。そして当然、宗通は院の近臣になっています。

宗通に関しては『平治《へいじ》物語』に「阿古丸の大納言宗通卿を、白河院、大将になさんとおぼしめされしかれども、寛治《かんじ》の聖主、御許しなかりき」とあります(栃木孝惟・日下力・益田宗・久保田淳校注『新 日本古典文学大系 保元物語《ほうげんものがたり》 平治物語 承久記《じょうきゅうき》』岩波書店 一九九二年)。「寛治の聖主」というのは堀河《ほりかわ》天皇のことですが、要するに、堀河天皇は白河上皇と男色関係にあった宗通を依怙贔屓《えこひいき》で大将にすることを拒んでいるわけです。つまり、院政と言っても堀河天皇在位中は、白河上皇の依怙贔屓も通用しなかったことがわかります。

白河上皇は、宗通との男色に飽きたらず、宗通の子供たちにも手を付けています。

宗通には多くの男の子がおり、笛の名手と言われた長男の藤原信通《のぶみち》も、『今鏡』に「これも世覚えおはすと聞え給ひき」とあり、やはり白河上皇の寵愛を受けた一人でした。

さらに、信通の弟で蹴鞠《けまり》の名人の藤原成通《なりみち》も、『今鏡』に「白河院には御いとほしみの人にておはしき。殿上人《てんじょうびと》の中に唯一人色許さりておはすとぞ聞え給ひし」とあります。

一九八七年に公開されたベルナルド・ベルトルッチ監督、ジョン・ローン主演の愛親覚羅溥儀《あいしんかくらふぎ》の半生を描いた歴史ファンタジー映画『ラストエンペラー』をご覧になった方なら覚えておられると思いますが、皇帝溥儀が弟の溥傑《ふけつ》を叱る場面があります。なぜ溥儀が叱るかと言えば、溥傑が皇帝にしか着用を許されない黄色の服を着用していたからでした。

それは日本でも同様で、二〇一九年に執り行われた即位礼正殿の儀で今上陛下が御召しになられていた装束がそれで、「禁色《きんじき》」と言います。それくらい厳しい決まりのある、天皇や上皇しか着ることが許されない色の着物の着用を、成通はただ一人許されていたわけですから、とてつもない寵愛を受けていたことがわかります。

宗通もその子供たちも、頼通の異母弟の藤原頼宗の系統ですから、藤原氏の本流ではありませんでした。つまり、本来なら出世の見込みもない傍流の家なのですが、白河上皇の寵愛を受けることで側近グループとして出世したわけです。

さらに北面の武士としては平為俊と藤原盛重が『尊卑分脈《そんぴぶんみゃく》』に「白河院寵童、童形之時北面ニ候フ」とありますが、いずれも低い身分です。特に盛重は石見《いわみ》・信濃《しなの》・相模《さがみ》・肥後の国司に任じられていますので、白河上皇の寵愛を受けることが出世コースに乗るための最短コースとなっていました。

国司とは地方の長官のことで、現地に派遣されれば絶大な権力があり、中央で出世できない中流貴族にはおいしいポストでした。国司になれば蓄財ができます。平安時代末期に成立した『今昔物語集《こんじゃくものがたりしゅう》』には「命よりも蓄財！」という貪欲《どんよく》な国司の話があるくらいです。それがまた寵愛を受けた白河上皇の下に還流するので、ますます院の権力が高まります。白河上皇は藤原氏や堀河天皇との権力闘争に勝って、権力を確立していきます。

そして、白河上皇は治天《ちてん》の君《きみ》（皇室の家長）として堀河・鳥羽・崇徳《すとく》と三代に渡って院政を敷き続けました。

一一二九年の白河法皇（一〇九六年出家）の崩御後、鳥羽上皇による院政が始まります。

鳥羽上皇は、皆さんがよく想像する貴族の「白粉《おしろい》、お歯黒スタイル」を始めさせた人と言われています。『海人藻芥《あまのもくず》』に「凡《おおよそ》彼御代《かのみよ》（鳥羽院）以前ハ男眉《まゆ》ノ毛ヲ抜キ鬚《ひげ》ヲハサミ、金《かね》（鉄漿）ヲ付ル事一切無《なし》」とあります。

先程、藤原宗通の出世を堀河天皇が止めた話はしましたし、その宗通の子の信通を白河法皇が寵愛したこともお話ししましたが、『古事談』によると、鳥羽上皇も信通を「寵愛ノ人」と呼んでますので、信通は白河法皇と鳥羽上皇の二人から寵愛を受けていました。

鳥羽上皇の男色と言えば、『保元物語』は先ほどの話をこう続けています。

故中御門藤中納言家成卿《なかみかどとうちゅうなごんいえなりきょう》を、旧院、「大納言になさばや」とおほせられしか共、「諸大夫の大納

言になる事は、たえてひさしく候《そうろう》。中納言にいたり候だにも罪に候物を」と、諸卿いさめ申しかば、おぼしめしとゞまりぬ

ここで言う「旧院」とは鳥羽上皇のことで、「藤中納言家成卿」とは藤原家成のこと、そして家成は家柄からして大納言になれません。ですから、鳥羽上皇も、白河法皇と同様に、家成を身分不相応と知りながらゴリ押しで大納言にしようとしました。結局思い止まりましたが。

では、この家成は鳥羽上皇とどういう関係かと言うと、『愚管抄《ぐかんしょう》』に「院第一ノ寵人家成中納言」（岡見正雄・赤松俊秀校注『日本古典文學大系　愚管抄』岩波書店、一九六七年）とあるように、やはり男色関係にありました。

また藤原頼長《よりなが》（一一二〇～一一五六）の『台記《たいき》』には、鳥羽上皇は管弦や雅楽を好み、「深更或《あ》舞人を召して懐抱す、寵甚し」とありますので、鳥羽上皇が祖父の白河法皇同様、かなり男色を嗜《たしな》んでいたのがわかります。

平清盛と崇徳天皇の出生の謎

さて、この後の展開のために、男色とは少し外れて話しておかないといけないことがあります。それは、平清盛と崇徳天皇の出生についてです。

平清盛（1118〜1181）

清盛と言えば、最初の武家政権を樹立する人物として知られますが、祖父の正盛は白河法皇の北面の武士として但馬《たじま》・丹後《たんご》・備前《びぜん》の国司となり、父の忠盛も白河法皇・鳥羽上皇の北面の武士として出世していきました。

その忠盛には、忠盛の子とされる清盛の生母の祇園女御《ぎおんのにょうご》が白河法皇と関係を持った後に忠盛に下げ渡された、つまり清盛は白河法皇の御落胤《ごらくいん》であるという説と、忠盛が白河法皇との男色があったとの説があります。

そのうちの白河法皇と忠盛の男色説については、白河法皇崩御時に忠盛が「秋ごとに　またもあふべき　たなばたも　わかるゝことは　いかゞかなしき」という歌を詠んでいるのが根拠とされます（谷山茂・樋口芳麻呂編『中古私家集二』古典文庫、一九六三年）。確かに七夕は恋歌に用いられるので二人が愛し合っていた可能性はあるのですが、白河法皇の崩御日がまさに七夕の七月七日なので、さすがに私は断定までには至っていません。

それに対して、清盛の御落胤説については信憑性《しんぴょうせい》は高いと思います（竹内理三『日本の歴史⑥武士の登場』中公文庫、一九七三年）。

崇徳天皇の出生に関しては、系図上は鳥羽上皇と皇后の藤原璋子《しょうし》の子供となっています、白河法

図①崇徳天皇系図

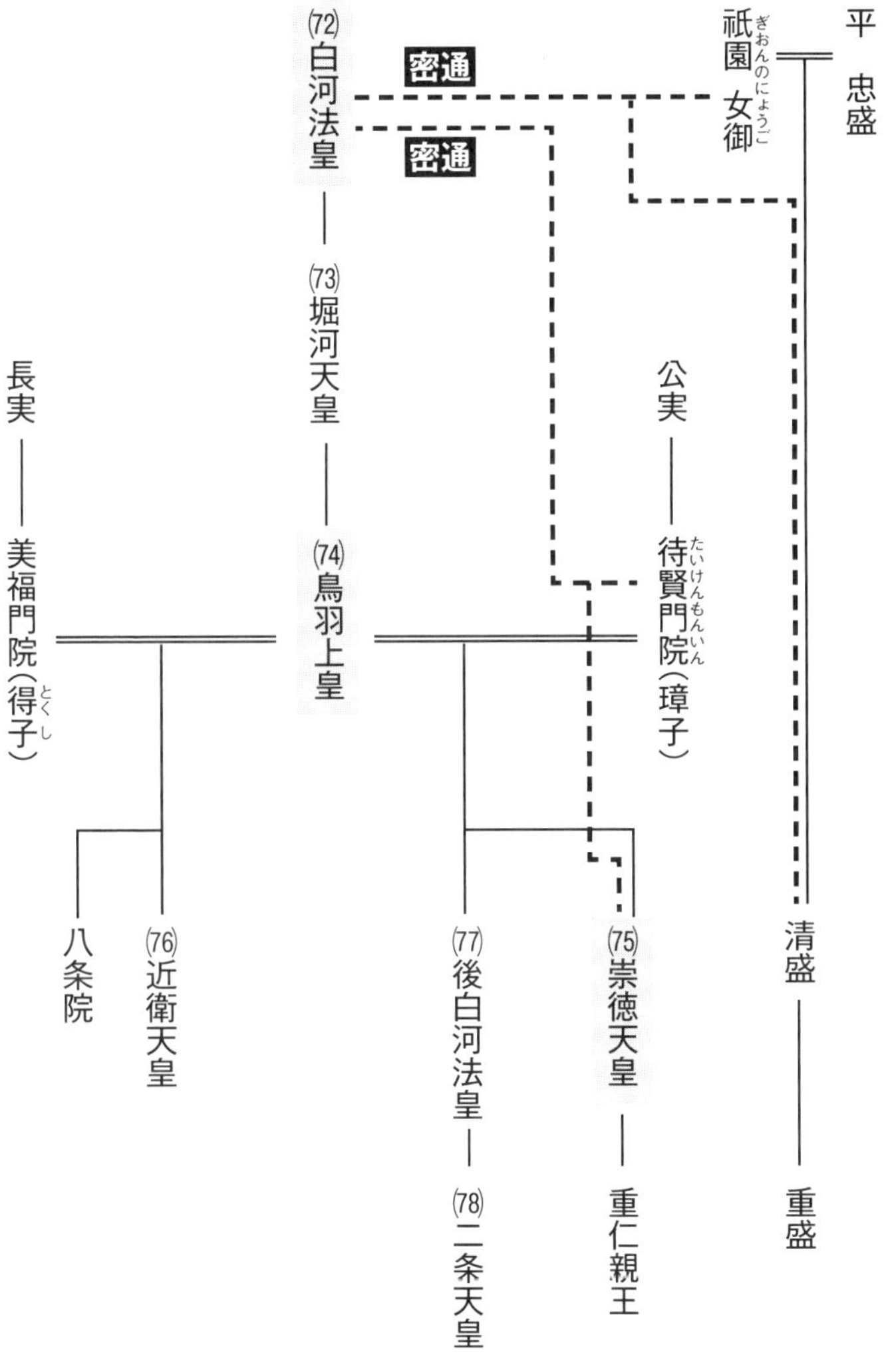
平 忠盛
祇園 女御《ぎおんのにょうご》
密通
密通
(72)白河法皇
(73)堀河天皇
長実
公実
美福門院(得子《とくし》)
(74)鳥羽上皇
待賢門院《たいけんもんいん》(璋子)
八条院
(76)近衛天皇
(77)後白河法皇
(75)崇徳天皇
清盛
(78)二条天皇
重仁親王
重盛

皇は曽祖父になります。
ところが、実際には白河法皇が璋子と密通して出来た子だという話が昔からあります。それが事実だとすると、崇徳天皇は鳥羽上皇の子ではなく叔父さんとなります。そして実際に鳥羽上皇は、崇徳天皇を忌み嫌って「叔父子」と呼んでいました。（図①参照）
こんなこと、鳥羽上皇でなくとも誰でも腹が立つでしょう。でも、本当に可哀想なのは何の罪もない崇徳天皇でしょう。
このことが、後の大事件につながって行きます。

藤原頼長の淫乱《いんらん》日記

白河法皇、鳥羽上皇の男色は、藤原氏の中では傍流の家柄の者に行われていました。それに対してこの項の主役の藤原頼長は、道長、頼通からの本流の家柄です。二〇一二年の大河ドラマ『平清盛』では山本耕史さんが演じられました。

この頼長には関白を務める忠通《ただみち》（一〇九七～一一六四）という兄がおり、年齢は二三歳も離れていました。父の藤原忠実《ただざね》は才色兼備の頼長を溺愛《できあい》して忠通を嫌っていたため、鳥羽上皇に忠通の関白を取り上げるように訴えますが、それが叶わないとなると、忠通から氏の長者（藤氏長者、藤原氏の家長）を取り上げて頼長に渡します。

これを現代で例えれば、兄は総理大臣として政府内では上座でも、本家に帰れば家長は弟ですから下座に置かれるという屈辱を味わわないといけないということです。そして、こうしたことが、後々両者の対立になって行きます。

そんな頼長の書いた日記が『台記』なのですが、当時の日記は、自分の子孫に儀式の作法や宮中のしきたりなどを伝える意味もあり、特に氏の長者の決まりでもありました。しかし、約一九年にわたるこの日記には、それ以外に自身の夜の生活も赤裸々に書かれています。代表的な事例を三つほど。

その一。

藤原頼長（1120〜1156）

鳥羽上皇と男色関係にあった藤原家成（母方の叔父）に育てられた藤原忠雅とは、一一四二年七月五日に「今夜於内辺、会交成三品年来本意遂了」、一一四二年一一月二三日には「深更向或所、彼人始犯余、不敵々々」とあります（五味文彦『院政期社会の研究』山川出版社、一九八四年）。

要するに「今夜、忠雅とヤっちゃった、年来の悲願を遂げたョ！」と言ってますし、その二年後には「いつもはボクが攻め（タチ）なのに、初めてボク、犯されちゃった！　不敵なヤツめ!」とはしゃいでいて、身分も年齢も上の頼長が倒錯的になる様子まで赤裸々に記しています。

その二。

家成の子の藤原隆季《たかすえ》とは、一一四六年五月三日に「子刻会合或人讃　遂本意了」だそうです。訳せば、「夜の十一時くらいに隆季が来てくれて、やっと関係が持てた!」です。頼長は、隆季との関係を持つために、すでに関係を持ってる忠雅を仲介して関係を迫り、隆季に断られると願掛けまで行っています。

その三。

隆季の弟の讃丸（後の藤原成親《なりちか》）とは、一一五二年八月二四日に「亥時許、讃丸来、気味其切、遂俱精漏、希有事也、此人常有此事、感歎尤深」とあります。「夜の十時くらいに讃丸が来た。讃丸は、ボクにずっと一途なんだよネ。そんで一緒にイッちゃったんだ。こんなことはあんまりないけど、ボクたちはいつもそう!」と満足そうです。ちなみに、同時に射精することをトコロテンと言います。攻めている側も攻められている側も、同時に射精する、男色の醍醐《だいごみ》味です。頼長、うれしそうに「讃丸クンとは、トコロテンをいつもやってるよ」と自慢げに日記に残しています。

頼長の日記には七人の男色相手が書かれていますが、他に藤原家明もいて、この人は隆季、成親の兄弟です。つまり、七人中四人が藤原家成の子供と縁者です。

それにしても、頼長はどうして家成の関係者を集中的に狙《ねら》っているのでしょうか。それは単なる

図②藤原頼長と藤原家成の関係図

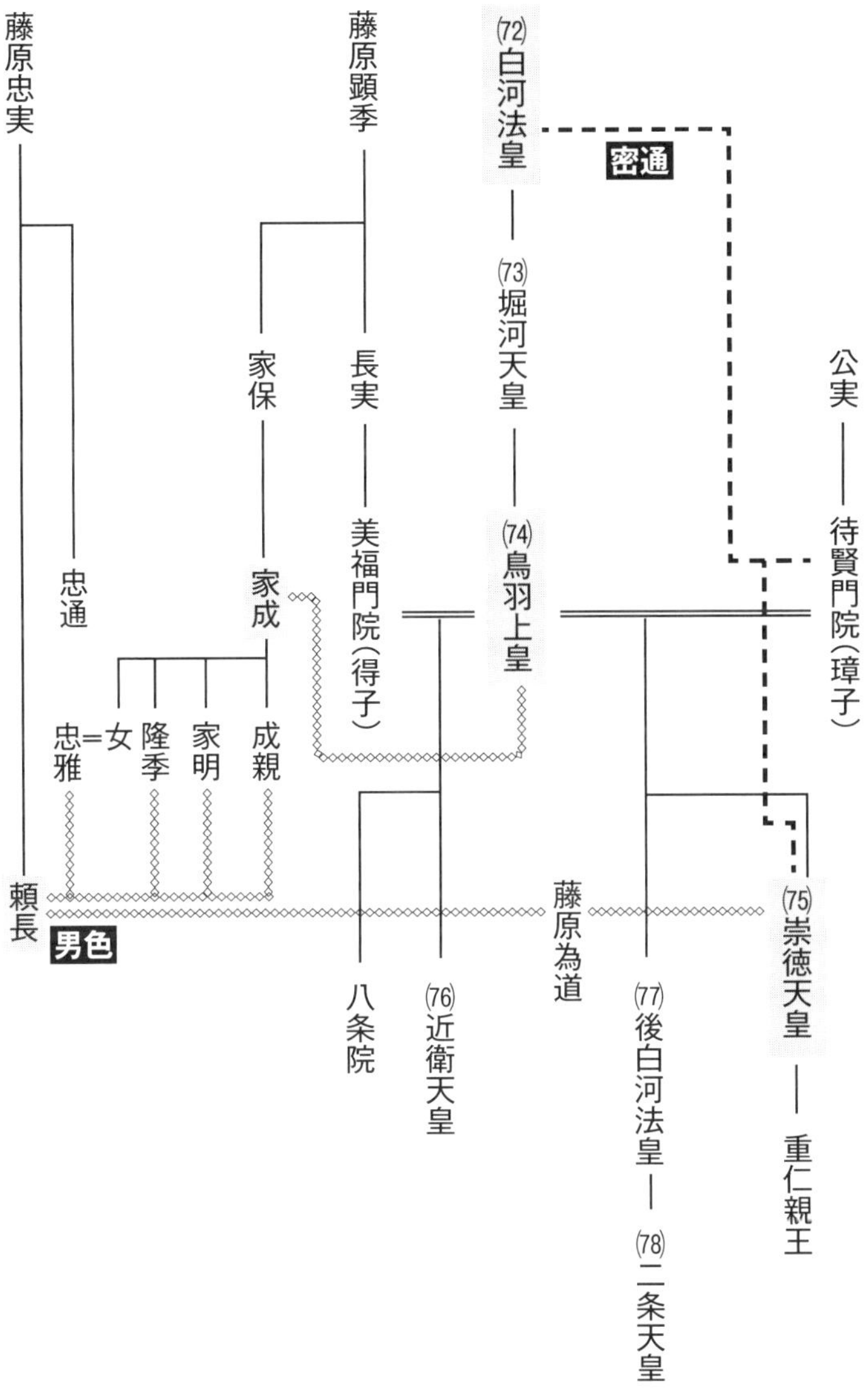

趣味ではなく、男色自体が重要な政治なのです。

そもそも院の近臣とはなんだったのかを考えればわかります。院の近臣は、側近グループとして院政を支えるだけでなく、藤原摂関家への牽制《けんせい》の役割もあります。ですから、院の近臣と藤原摂関家は対立する運命にありました。だから、頼長の男色相手が院の近臣の藤原家成の息子たちや関係者なのです（図②参照）。つまり、これは頼長による鳥羽上皇側近グループに対する切り崩し工作です。男色によって自身のネットワークを拡げ、多数派工作をしていたのです。これを私は「男色ネットワーク」と名付けます。

一一五一年九月、そんな頼長に、鳥羽法皇（一一四二年出家）が不信感を抱く決定的な事件が起こります。

頼長が、藤原家成の家を通った時、秦公春という頼長と男色関係にあるボディーガードに命じて、乱入の上で、乱暴狼藉《らんぼうろうぜき》を働く事件を起こしました。一応、頼長にも言い分はあり、以前、頼長の二人の従者が、家成の家来によって辱しめを受けており、その報復でした。ちなみに、この従者も頼長の男色相手です、要するに、愛する従者が辱しめを受けたことへの報復です。

これを聞いた鳥羽法皇は、頼長に不快感を示します、当然ですが。

ここにおいて、鳥羽法皇に遠ざけられた同士の崇徳上皇と頼長が接近し、頼長はさらなる男色ネットワーク作りに邁進《まいしん》したとなるわけで、こうして起こるのが保元の乱です。

保元の乱は男たちの痴情のもつれが原因？

ここで鳥羽法皇の話に戻ります。

鳥羽法皇は、白河法皇の崩御後に実権を握り院政を敷きました。そして、自分が「叔父子」と忌み嫌う崇徳天皇を退位させ、皇位も崇徳上皇の子の重仁親王ではなく、腹違いの弟の躰仁《なりひと》親王に渡します、第七六代近衛《このえ》天皇です。そして、近衛天皇の生母である美福門院得子は鳥羽法皇の男色相手の藤原家成とは、いとこ関係にあります。

さらに、その近衛天皇がわずか一七歳で崩御されると、得子に他に男子がいなかったため、鳥羽法皇は仕方なく崇徳上皇の同腹の弟の第七七代後《ご》白河《しらかわ》天皇（在位一一五五～一一五八）を即位させます。後白河天皇は崇徳上皇と同母でも、確実に鳥羽法皇の子供です。そして後白河天皇を中継ぎに、皇位継承は後白河天皇の子の守仁《もりひと》親王に決められます、後の第七八代二条《にじょう》天皇です。つまり、とことん崇徳上皇は除《の》け者にされました。

そんな経緯があって、一一五六年に鳥羽法皇が

怨霊となった崇徳上皇（1119～1164）

崩御されると、わずか一週間足らずで崇徳上皇は後白河天皇に対して挙兵しました、これを保元の乱と言います。鳥羽法皇の後継者として親政を行おうとした後白河天皇に対し、治天の君の地位を奪おうと崇徳上皇が挙兵しました。鳥羽法皇と対立していた頼長は当然のごとく、崇徳上皇についています。

崇徳上皇と頼長の味方になったのは鳥羽法皇に不満を持っていた平忠正《たいらのただまさ》と源為義《みなもとのためよし》なのですが、為義の子の義賢《よしたか》は頼長の男色相手の一人です。それに対して、後白河天皇についたのが頼長の兄の藤原忠通、為義の子で源氏長者の源義朝《よしとも》、そして忠正の甥《おい》で平氏長者の平清盛らです。「男色ネットワーク」が、そのまま派閥抗争の構図です。

乱の結果ですが、崇徳上皇と頼長はあっさり敗れ去り、崇徳上皇は讃岐《さぬき》（香川県）に流罪、頼長は敗死、為義と忠正は義朝と清盛によって斬首《ざんしゅ》されました。

後白河天皇はデブ専で面食い？

後白河天皇の下で出世したのが藤原信頼という人です。ただ、この人は『平治物語』には「文にもあらず、武にもあらず、能もなく、又、芸もなし」とありますから、ハッキリと馬鹿者と言われています。しかも信頼はかなりのデブです。大河ドラマ『平清盛』で、お笑いコンビ・ドランクドラゴンの塚地武雅さんが演じられたと言えば、おわかりになるでしょうか？

まぁ、デブなだけなら別に何の問題もないのですが、ではなんでこんな馬鹿者が出世したのかと言えば、「信頼卿の寵愛もいやいづれにて、肩をならぶる人もなし」（『平治物語』）、「アサマシキ程ニ御寵アリケリ」（『愚管抄』）、つまりは後白河天皇が寵愛したからです。

後白河天皇がいかに信頼を愛していたかと言うと、一一五八年の賀茂祭のとき、関白藤原忠通の車列が通りかかったのに、信頼は牛車《ぎっしゃ》から降りませんでした。これに激怒した忠通が、信頼の牛車を叩《たた》きのめします。

これは関白の忠通の方が上司ですから、当然信頼が下車しないといけないのです。現代でも、それは同じです。しかし、これに逆恨みした信頼は後白河天皇に泣きついて告げ口しました。これに後白河天皇は激怒、忠通はこれで関白職を辞するまでに追い込まれました。

後白河天皇（1127〜1192）

これだけなら、後白河天皇は単なるデブ専ですが、そうとも言えないのです。後白河天皇はちゃんとイケメンとも関係を持っています。それが頼長と一緒にイッちゃった藤原成親《なりちか》です。『愚管抄』には「院ノ男ノオボヘニテ……成親ヲコトニナノメナラズ御寵アリケル」とありますので、後白河天皇が並々ならぬ寵愛をしているのがわかります。政敵を殺して愛人を奪った格好です。成親はハスの花のように美しいイケメンということで、やはり『愚管抄』に「フヨウノ若殿上人」と書かれています。ただし、「フヨウ」は芙蓉《ふよう》と不要の掛詞《かけことば》でもありますが……。

さて、ここからがややこしいのですが。

①後白河天皇と信頼、成親は男色関係にあります。
②成親の妹は平清盛の長男の重盛に嫁いでいます。
③成親の娘は重盛の長男の維盛《これもり》に嫁いでいます。
④後白河天皇は後ほど触れますが、重盛の次男の資盛と男色関係にあります。
⑤成親の別の妹が信頼に嫁いでいます。
⑥信頼の妹が成親の兄の隆季に嫁いでいます。

読者の皆さんパニック状態ですよね。ともかく、後白河天皇をメインにして、成親と清盛の子の重盛が、姻戚関係も含めた新しい男色ネットワークを作っていることがおわかりいただければ大丈夫です。（図③参照）

さて、信頼と忠通のいさかいの四ヶ月後、一一五八年八月後白河天皇は二条天皇に譲位し、院政を開始します。

図③後白河法皇の男色ネットワーク

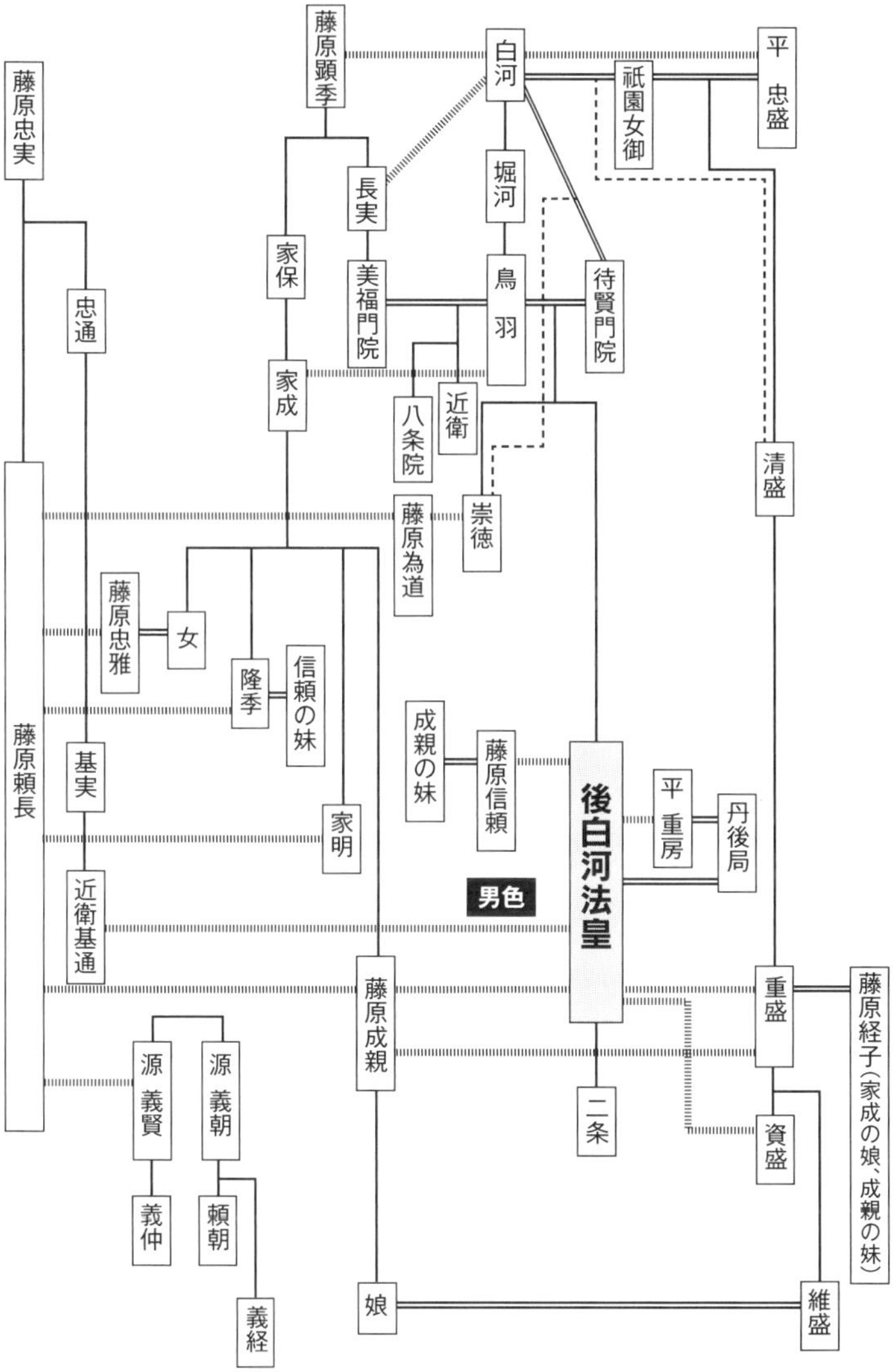

平治《へいじ》の乱――信西《しんぜい》VS.新男色ネットワーク

院の近臣は、なんでもかんでも悪いわけではなく、今まで出世の見込みのなかった人にも出世の糸口を作ったとも言えます。さらに誰でも彼でも男色で出世したわけでもありませんでした。そんな実力でのし上がったのが藤原信西です。後白河上皇（以後三四年の院政）は、「今様《いまよう》」にハマって政治には無関心となります。「今様」とは和歌のような高尚な文学ではなく、カラオケみたいに俗っぽい最新ヒット曲です。万事「よきにはからえ」なので、信西が必然的に実権を握ります。信西は平清盛を重用します。

それに対して、新男色ネットワーク側は、保元の乱後の恩賞で平氏に差を付けられて不満を持っていた源義朝に接近しました。そんな最中に、信頼が後白河上皇に「ボクを右近衛大将《うこんえのだいしょう》にして！」とおねだりするのですが、信西がそれに待ったをかけます。

これで両者の対立は決定的となり、一一五九年一二月、清盛が熊野詣《くまのもう》でに出掛けた隙《すき》を突いて、信頼と成親と義朝は挙兵しました。これが平治の乱です。

信西は殺害され、後白河上皇と二条天皇は軟禁されました。しかし、熊野詣での清盛は、報せを聞いて京の六波羅《ろくはら》に戻り「異変があれば女性は安易に逃げられる」という当時の常識を逆手に取って、後白河上皇と二条天皇を女装させて、まんまと信頼・成親・義朝側から取り戻すことに成功しました（第三章扉の絵）。

後白河上皇と二条天皇を取り戻したことで、形勢は逆転、清盛は、信頼・成親・義朝を謀叛人《むほんにん》としてあっけなく破ります。このとき、義朝は「日本第一ノ不覚人ナリケル人ヲタノミテ（こんな日本一の大馬鹿者に頼ったなんて！）」（『愚管抄』）と信頼を罵《ののし》りましたが、義朝の言う通りです、絶対に手放してはいけない上皇と天皇をみすみす逃がしたのですから。

この後、信頼は後白河上皇に助けを求め、後白河上皇も二条天皇に信頼の助命を嘆願しますが、あっさり断られて斬罪《ざんざい》に、そして義朝も暗殺されました。

さて、ここで注目したいのは、後白河上皇の寵愛を受けていた藤原成親の処遇です。なんと、信頼とは違って、職を解かれるだけで済んでいます。それを取り成したのが、成親と縁戚《えんせき》関係（成親の妹が重盛の正妻）にある重盛です。果たして重盛は、成親との縁戚関係だけで取り成したのでしょうか？『平家物語』では清盛が横暴で、重盛がそれを諫《いさ》める役回りとなっていますが、実像はどうだったのでしょうか？

平治の乱後、清盛は出世の階段を登り続け、一一六七年にはとうとう太政大臣《だいじょうだいじん》にまで昇り詰めます。

一一七七年六月一日、そんな平家に反感を持つ後白河法皇（一一六九年出家）、俊寛《しゅんかん》、西光《さいこう》、そして成親が鹿ヶ谷《ししがたに》の別荘で平家打倒の謀議をしていたことが発覚します、いわゆる鹿ヶ谷の陰謀です。

「神護寺三像」源頼朝像は足利直義像、平重盛像は足利尊氏像とも言われています。その真贋《しんがん》は本題ではないのでともかく。

謀議の責任者の処罰は、俊寛が鬼界ケ島《きかいがしま》に流罪、西光が斬罪ですが、この西光は成親の義兄弟です。

ここで現れるのが、またもや重盛です。『愚管抄』には「重盛モアキレナガラ、コメタル部屋ノモトニユキテ、コシウトノムツビニヤ、『コノタビモ御命バカリノ事ハ申候ハンズルゾ』」とあって、あきれながらも成親の閉じ込められた部屋で「私とあなたは縁戚だから今回も命だけは助ける」と言っています。

たとえ通説通り、重盛がいくら優しかったとしても、ここまで来れば度を越しています。そして事実、成親は備前（『愚管抄』では肥前）への流罪で済みました。この後、成親は流罪先で殺害されました。ここまで見た上で、明らかに怪しい動きをしているのは重盛です。

なぜ重盛は、縁戚関係にあるとは言え、謀叛人の成親を一度ならず二度も庇《かば》うのか。平治の乱後に源頼朝《みなもとのよりとも》の命を救ったことで平家が滅んだ例を見てもわかるように、平家一門の存亡にも関わる問題なのに……。

可能性があるとすれば、重盛が後白河法皇と何らか裏でつながっていたとしか考えられません。そしてそれは普通に考えれば男色でしょう。

東京大学名誉教授の五味文彦先生は『院政期社会の研究』の中で、まさにそれを指摘しておられ、それを解くカギを有名な神護寺三像《じんごじさんぞう》に求めておられます。そして『神護寺略記』に、後白河法皇の男色相手が後白河法皇の周りを曼荼羅図《まんだらず》のように取り囲んで安置してあったと指摘しておられますが、ここでは可能性に留めておこうと思います。

ただ、後白河法皇と重盛の男色関係がたとえなかろうと、後白河法皇と重盛の間に繋がりはあったし、清盛に対して面従腹背だったことだけは間違いないと私は断言します。

この後、清盛と後白河法皇との関係は修復不可能となり、後白河法皇と清盛をつなぐパイプ役だった重盛も一一七九年七月に亡くなります。その重盛の死を引き金に後白河法皇の暴走が始まり、そしてその年の一一月の治承《じしょう》三年の政変を経て、一一八〇年には清盛を外祖父に持つ第八一代安徳《あんとく》天皇が即位、反平家の機運が高まる中で同じ年の五月の以仁王《もちひとおう》の挙兵、一一八一年の清盛の死、そして源平合戦へとつながって行きます。

源平合戦の男色

一一八〇年四月の以仁王の令旨《りょうじ》によって源頼朝や木曽義仲《きそよしなか》が挙兵、一一八三年七月、五月に義仲が倶利伽羅《くりから》峠の戦いで平家軍を破ったため、平家は義仲が入京する前に都落ちすることになります。そのとき、都落ちに同行した一人に平資盛がいました。彼は平重盛の嫡男です。資盛は、このとき京都に留まろうと後白河法皇に助けを求めて会おうとするのですが、『愚管抄』には「資盛ハソノコロ院ノオボエシテサカリニ候ケレバ」とあり、寵愛を受けていました。しかし、すでに後白河法皇は比叡山に脱出した後で、泣く泣く都落ちして行きました。

都落ちのとき、平家としては安徳天皇と共に後白河法皇も一緒に連れて行くはずでした。しかし、この計画を後白河法皇に密告して一緒に比叡山に向かったのが、清盛の後ろ楯《だて》で関白にまでなり、親平家と目されていた近衛基通《もとみち》です。『愚管抄』には「京ノ人サナガラ摂籙《しょうらく》ノ近衛殿ハ一定グシテ落チヌラント人ハ思ヒタリケルモ（京の人たちは基通も親平家なんだから一緒に都落ちするはずだと思っていた）」とありますから、都の人間から見ても、予想外の裏切りだったようです。

その基通の叔父の九条兼実《くじょうかねざね》は『玉葉《ぎょくよう》』の中で、基通が都落ちに付いていかなかった理由を「法皇摂政ニ艶《えん》アリ、其《そ》ノ愛念ニ依《よ》リ」としていますから、後白河法皇と基通は男色関係にありました。そしてまさに密告した七月二〇日、二人は「御本意ヲ遂ゲラレ」、つまりヤっちゃっています。兼実は、二人の関係を「君臣合体之儀、之ヲ以テ至極ト為《な》スベキカ」と皮肉ってます。

都落ちした資盛はと言うと、後白河法皇に「またお会いしたい……」という手紙を書きながら、一一八五年の壇《だん》ノ浦《うら》の戦いで戦死しました。

この壇ノ浦の戦いで平家は滅びますが、余りにも早すぎる平家の滅亡が、鎌倉幕府による全国支配を阻害し、その後の大事件につながっていくこととなります。

第四章

鎌倉時代の男色

——男色文化の鎌倉への伝播《でんぱ》

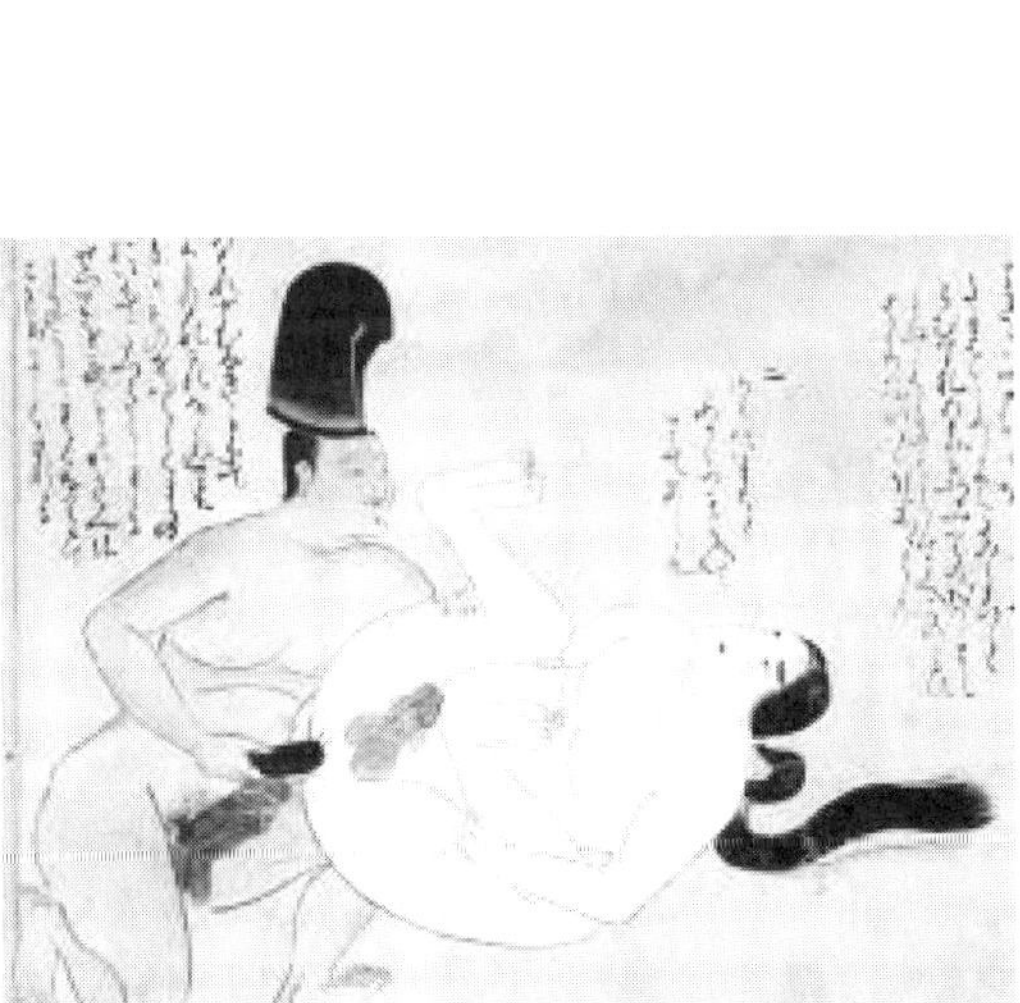

『稚児之草子《ちごのそうし》』

源《みなもと》 義経《のよしつね》に男色の記録はない

源平合戦で最も有名な武将は源義経でしょう。映画やドラマや小説でも、平家を滅ぼすまでの大活躍と、その後の兄頼朝との確執による悲劇によって、「判官贔屓《ほうがんびいき》」で美少年が演じることが定番になっています。

司馬遼太郎の小説『義経（上）』（文春文庫、二〇〇四年）には、稚児灌頂《ちごかんじょう》を受けた遮那王《しゃなおう》（義経の稚児名）が稚児として男色をするシーンがあります。

しかし、『平家物語』や『吾妻鏡《あずまかがみ》』や『義経記《ぎけいき》』などを見ても、義経の男色は出てきません。まぁ、義経が鞍馬寺《くらまでら》（京都府）の稚児であったことは事実ですから、男色がなかったとは断定できませんが、少なくとも記録にはありません。

それから、容姿については『義経記』には「容顔世《かんばせ》を越えておはすれば（顔かたちが人並み以上に整っている）」（梶原正昭校注・訳『日本古典文学全集　義経記』小学館、一九七一年）と、美少年としているのに対して、『平家物語』では「九郎は色白う背小さきが、向歯の殊に差し出でて（義経は色白でチビの出っ歯）」（須永朝彦『美少年日本史』）と言っていて、どちらが本当なのかもよくわかりません。

そんな義経が判官贔屓されるのは、「平家を滅ぼした最大の功労者なのに、讒言《ざんげん》によって兄の頼朝に義経が除け者にされ、最終的には殺されたから」となるのですが、実際にはそうではありません。

頼朝は、武家による全国支配を目指していました、だから、ゆっくりと平家を滅ぼしたかったのです。しかし、義経は勝手にどんどん平家を追い詰めて滅ぼしてしまったために、頼朝のプランが崩されてしまいました。

さらに、義経は後白河《ごしらかわ》法皇から頼朝に無断で官位を受けています。頼朝は本格的な武家政権を樹立したいのですから、頼朝に無断で法皇から官位を受けることは絶対にやってはいけないのです。

この義経の勝手な行動が、鎌倉幕府と朝廷の戦争につながって行くこととなります。

源義経（1159〜1189）

一一八三年の平家の都落ちの折り、安徳《あんとく》天皇と三種の神器も平家が持っていったため、後白河法皇は神器なしで第八二代後鳥羽《ごとば》天皇を践祚《せんそ》させます。つまりこのとき、東西に天皇が並立し、後鳥羽天皇の方は三種の神器のない天皇でした。

一一八五年の壇ノ浦の戦いで安徳天皇が入水《じゅすい》し崩御なさったとき、三種の神器も同時に海底に没し、必死の捜索がなされますが、草薙剣《くさなぎのつるぎ》だけは見付かりませんでした。

ところで、平家の滅亡の原因は、清盛の政権はそれまでの貴族の政治と変わらなかったからでした。平家は知行国や荘園を増やし、一門は朝廷の高官になりましたが、それまでの藤原氏が平家に変わっただけの話で、平家の支持基盤であるべき武士全体の利益にはなりません。

そこで、平家の滅亡後、源頼朝は守護地頭《しゅごじとう》の設置を行います。守護は今で言えば都道府県警の本部長で、地頭は、警察署長兼地裁裁判長兼税務署長みたいなものです。要するに、頼朝は、平安貴族から独立した真の武士のための政権を目指したわけです。

頼朝の征夷大将軍《せいいたいしょうぐん》就任は一一八五年から一一九二年まで七年もかかっています。後白河法皇が許さなかったからです。なぜかと言えば、大将軍は朝廷の命令を待たずに行動できるため、頼朝を征夷大将軍に任命することは、実質的な独立政権を許すことになります。

結局、後白河法皇が一一九二年に崩御し、後鳥羽天皇の親政が開始して、ようやく頼朝は征夷大将軍に任命されました。それに尽力したのが、平家の都落ちのときに後白河法皇と近衛基通の男色を批判した九条兼実です。

ですから、義経の項で説明した通り、この時点では幕府が全国支配をしているのではなく、東国の幕府と西国の朝廷の公武二元体制でした。

しかし、この両者の蜜月《みつげつ》関係は、頼朝による娘の大姫入内《じゅだい》問題で崩れ、宮中の親頼朝派は一掃されます。頼朝は次の天皇に守貞《もりさだ》親王（後の後高倉院）を推しますが、親頼朝派は一掃されていますから、一一九八年、後鳥羽天皇は為仁《ためひと》親王に譲位しました、第八三代土御門《つちみかど》天皇です。その翌年、頼朝は落馬で亡くなりました。

この後、兼実―頼朝ラインを崩した勢力を取り除いた後鳥羽上皇は、一二〇二年、本格的な院政を開始します。

後鳥羽上皇のスパイ大作戦とマッチョな男色

鎌倉時代と言えば源頼朝の鎌倉幕府ですが、鎌倉ではなく京都を中心に見ていきます。なぜならこの本はオカマがメインなので。

後鳥羽上皇は『新古今和歌集』を編纂《へんさん》するような文化人の顔を持ちながら、『承久記《じょうきゅうき》』に「伏物、越内、水練、早態《はやわざ》、相撲、笠懸《かさがけ》ノミナラズ、朝夕武芸ヲ事トシテ、昼夜ニ兵具ヲ整ヘテ」（栃木孝惟・日下力・益田宗・久保田淳校注『新 日本古典文学大系　保元物語　平治物語　承久記』）とあるように、身のこなしが俊敏で、乗馬、水泳、相撲、さらに弓も得意で、さらに刀剣マニアの、まさに文武両道の人だったそうです。マッチョ上皇です。

ちなみに皇室の菊花の御紋章も、そのルーツは、この後鳥羽上皇が牛車《ぎっしゃ》や衣服・刀剣にまで菊紋で飾ったことにあると言われています。

そんな後鳥羽上皇は、鎌倉幕府が自分を無視する行動が増えてきたことに苛立《いらだ》っていまして、そこで、ある人物をうまく丸め込んで、鎌倉幕府を操ろうとします。

　そのターゲットにされたのが、こともあろうに、鎌倉幕府三代将軍源実朝《さねとも》（一一九二〜一二一九）でした。

　そもそも実朝の名付け親は後鳥羽上皇であると『愚管抄』にあります。後鳥羽上皇は、まずは院の近臣の源仲《みなもとのなか》章《あきら》を実朝の侍読《じどく》（教育係）に送り込み、都に憧《あこが》れる文化人に仕立てあげます。そして後鳥羽上皇は仲章に鎌倉の情勢を逐一報告させていたと、やはり『愚管抄』にはあるのです。つまり彼はスパイでした。さらに『小倉百人一首』で有名な藤原定家《ていか》を通じて、実朝に食い込んでいきます。

後鳥羽天皇(1180〜1239)

　実朝の籠絡《ろうらく》に着々と成功していた後鳥羽上皇ですが、文武両道のマッチョ上皇の御所は、さぞかし規律もしっかりしていただろうと思ったら大間違いでして……。
『承久記』には、「御遊ノ余ニハ、四方ノ白拍子ヲ召集、結番、寵愛ノ輩《ともがら》ヲバ、十二殿ノ上、錦《にしき》ノ茵《しとね》ニ召上セテ、踏汚セラレケルコソ、王法・王威モ傾キマシマス覧ト覚テ浅猿《あさまし》ケレ」とありますし、定家の『明月記』には、「緇素《しそ》（僧と俗人）雑芸の輩十余人、童一人アリ。今様、白拍子、乱白拍子、散楽《さんがく》（猿楽）ノ興候《そうろ》フ」とあります（堀田善衛『定家明月記私抄』ちくま学芸文庫、一九九六年）。白拍子とは男装して舞う遊女のことで、有名な白拍子と言えば、源義経の愛妾《あいしょう》の静御前《しずかごぜん》です。とにかく、そんな白拍子や男たちと毎日どんちゃん騒ぎをしていたのが、後鳥羽上皇の御所の実態でした。

この『明月記』の一二〇四年の記事に、武芸が抜群にうまい得王という男を追放したとあるのですが、「外嬖《がいへい》之寵、弓馬之芸、抜群」とあって、外嬖とは寵愛を受けた男のことです、ちなみに寵愛を受けた女性の場合は内嬖と言います。つまり得王は、後鳥羽上皇から寵愛を受けていました。そんな得王が、後鳥羽上皇のお手付きの、しかも皇女まで産んだ女房と密通していました。それで後鳥羽上皇の勘気に触れて追放されたのですが、なぜか半年後には許されたとか……（須永朝彦『美少年日本史』）。

後鳥羽上皇が既存の北面の武士と共に創設したのが西面の武士ですが、『吾妻鏡』にはこうあります。

〈一二〇八年五月〉九日、……上皇御幸、流鏑馬《やぶさめ》已下《いか》の事、故《ことさら》に以て射手等を刷《かいつくろ》はる、多く西面の輩《ともがら》の子息の垂髪《すいはつ》なり

※原本は旧字。以下新字

（龍肅訳註『吾妻鏡（四）』岩波書店、一九四一年）

訳せば、「流鏑馬の射手の多くは、西面の武士の子息たちで、元服前の垂髪です」ということなのですが、「垂髪」とは稚児の髪型のことですから、後鳥羽上皇が西面の武士の子息たちを稚児として侍《はべ》らせていたことがわかります。『吾妻鏡』には続けてこうあります。

又峯王《みねおう》と号する童（院の御寵童《ごちょうどう》、西面に候す）、箭的《やまと》に中《あた》らざるの間逐電《ちくでん》し、忽《たちま》ち以《もっ》て出家すと云々、

訳せば「峯王という後鳥羽上皇が寵愛している西面の武士が矢が的に当たらないので逐電し、出家してしまいました」と言っているので、この峯王クンは、マッチョな後鳥羽上皇の男色相手の中でも、かなりのマッチョです。

では、なぜ後鳥羽上皇はマッチョな男色をしているのでしょうか?

後鳥羽上皇の男色ネットワークと実朝の暗殺

後鳥羽上皇の男色の目的は、来る倒幕の日に備えて自身の親衛隊にしようとしている、つまり男色ネットワークを形成しているのです。

後鳥羽上皇のこうした動きに、鎌倉幕府二代執権北条義時《ほうじょうよしとき》をはじめとして、鎌倉の武士たちも危機感を募らせていました。しかし実朝は、京都の言うことは聞くのに、肝心の武士の意見は聞きませんでした。

一二一三年一一月、実朝の下に藤原定家から『万葉集』が贈られ、その次いでに領地の件で京都寄りの裁断を下すのですが、これについて実朝は「是併《これしか》しながら、歌道を賞せらるるの故なり」（『吾妻鏡』）と批判されています。つまり、「これは『万葉集』を贈られたことによる処断だ！」ということです。

幕府は、貴族たちによる不公平な土地所有と裁きへの不満から生まれています。ですから、この批判は当然でした。ある有力御家人は「当代は、歌鞠《かきく》を以て業と為《な》し、武芸は廃《すた》るるに似たり」（『吾妻鏡』）とまで言っていますから、京都と鎌倉の腸捻転《ちょうねんてん》（後鳥羽上皇が武芸を磨いて実朝が歌や蹴《け》鞠《まり》にばかり熱中しているという逆転現象）にかなりの苛立《いらだ》ちを持っていたことがわかります。

一二一八年一二月、実朝はわずか二七歳で朝廷内のNo.3の右大臣に昇進します。これは当時「官打ち」と呼ばれ、分不相応な出世をすると、不吉なことが起こると言われていました。公家出身で頼朝以来の幕府の実力者である大江広元《おおえのひろもと》は、身分不相応と懸念を示して止めています。

その懸念が当たったのか、翌年一月二七日、実朝は右大臣昇進の報告に行った鎌倉鶴岡八幡宮《つるがおかはちまんぐう》で、甥の公暁《くぎょう》によって暗殺されました。後鳥羽上皇のスパイの源仲章と共に……。

武家の棟梁《とうりょう》である幕府の将軍が文化人というのも本来はおかしな話です。しかし実朝の立場で考えれば、幕府の実権は、頼朝の未亡人で尼将軍と呼ばれた母の北条政子《まさこ》とその実家の執権北条氏に握られていましたから、その苛立ちもあったのでしょう。そしてそこに後鳥羽上皇に付け込まれる隙《すき》があったのでしょう。

実朝の遺《のこ》した『金槐和歌集《きんかいわかしゅう》』の最後の一首には「山はさけ　海はあせなむ　世なりとも　君にふた心　わがあらめやも（山が割け、海が色あせてしまう世になっても、私の後鳥羽上皇への忠誠は変わることはありません）」とあります。

民俗学者の南方熊楠は、「男色には、浄愛と不浄愛がある」と言っています。浄愛とは「五倫五常中の道友」（稲垣足穂『南方熊楠児談義《ちごだんぎ》』河出書房新社　一九九二年）、要するに、肉体関係はなくとも、同じ道を行く友という意味です。要するに、プラトニック・ラブです。

実朝にとっての後鳥羽上皇は憧《あこが》れであり、浄愛だったのでしょう。そもそも、不浄愛をしようにも、京と鎌倉で会えませんけど。一方、後鳥羽上皇は男色の「ハニートラップ」によって、実朝を破滅させた格好です。

承久《じょうきゅう》の乱と男色ネットワークの崩壊

源実朝暗殺後、幕府は宮将軍（親王将軍）を後鳥羽上皇に打診します。それに対して、後鳥羽上皇は、自分のお気に入りの白拍子の亀菊（女性）の領地問題で、「地頭を罷免しろ！」と、幕府が絶対に飲めない要求を突きつけて挑発します。当然これを幕府が認めるはずもなく、結局は摂家《せっけ》将軍（四代将軍藤原頼経《よりつね》）とすることで折り合いました。

ここに至って後鳥羽上皇は反幕府を鮮明に打ち出し、宥和《ゆうわ》的な土御門天皇を第八四代順徳《じゅんとく》天皇に譲位させ、その順徳天皇も後鳥羽上皇と共に自由な立場で戦うことを希望して第八五代仲恭《ちゅうきょう》天皇に譲位します。そして一二二一年、後鳥羽上皇は北条義時追討の院宣《いんぜん》を発しました、いわゆる承久の乱です。

鎌倉の武士たちは朝敵になるのですから、当然動揺しました。しかし、その動揺を尼将軍北条政子が演説で抑え、一致団結した鎌倉武士団は、義時の子の泰時《やすとき》が一九万の大軍を率いて京を攻めます。一九万はさすがに誇張でしょうけども。

それに対する後鳥羽上皇は、史上初の錦《にしき》の御旗《みはた》を立てて二万の兵で立ち向かいますが、多勢に無勢、敗れ去りました。

このときの後鳥羽上皇の態度が情けないのです。『承久記』には「男共御所ニ籠《こも》ラバ、鎌倉ノ武者共打囲テ、我ヲ攻ン事ノ口惜《くちおし》ケレバ、只今《ただいま》ハトクトク何《いず》クヘモ引退ケ（お前たちが御所に立て籠ったら、敵に御所を囲まれて攻められるから、お前たち出てけ！）」と言ったとあり、それに激昂《げっこう》した武士が「大臆病ノ君」と罵《ののし》ったとか……。

観光牛突き（隠岐の島町役場ホームページより）。
隠岐に流された後鳥羽上皇をお慰めするために始められたとされます。

『六代勝事記《ろくだいしょうじき》』には「西面北面の朝恩にほこりて武勇をこのむ、たちまちにほろび、近習寵臣の辺功をたつる、ことごとくとらへられぬ」（栃木孝惟・日下力・益田宗・久保田淳校注『新 日本古典文学大系 保元物語 平治物語 承久記 参考資料）とあります。要するに、敗北の結果、後鳥羽上皇の寵愛を受けて味方した男色ネットワークの面々はことごとく捕らえられました。そして死罪や流罪に処せられます。さらに責任を彼らに押し付けたにもかかわらず、後鳥羽上皇を含む三上皇は流罪にされました。

　こうして承久の乱は幕府の勝利に終わり、ここで初めて幕府の全国支配が完成します。そして二度と男色ネットワークを作って朝廷が幕府に刃向かわないように、京都に六波羅探《ろくはらたん》題《だい》を置いて監視することになりました。

　『日本男色物語』の武光誠先生や『美少年日本史』の須永朝彦先生は、「後鳥羽上皇の北面の武士や側近だった藤原秀能《ひでよし》や源通光《みちてる》が後鳥羽上皇と男色関係にあった」とされていますが、『愚管抄』、『承久記』、『吾妻鏡』等を読み込んでも、私は確証を得られてはいません。ただし、この二人は隠《お》岐《き》の島《しま》（島根県）に流された後鳥羽上皇を慕って一二三六年の遠島御歌合《えんとうおんうたあわせ》に参加しています。後鳥羽上皇は、隠岐で一二三九年に崩御なさいましたが、こうした事実を見ると、なんだかんだありながら、魅力的な人ではあったのでしょう。

鎌倉武士への男色文化の降下

鎌倉時代は、承久の乱後、政治的には男色は出てきません。それはなぜでしょうか？貴族が出てこない理由は簡単で、六波羅探題が男色ネットワークを作らないように監視しているからです。たとえあったとしても、それを記録に遺すことはできないでしょう。

さて、ここから時代が逆行しますが、日本には古くから延年舞《えんねんまい》という舞踊がありました。延年舞については、能楽の大成者世阿弥《ぜあみ》の『風姿花伝』によるとこうあります。

それ、申楽延年《さるがくえんねん》の事態《ことわざ》、その源《みなもと》を尋ぬるに、あるひは仏在所《ぶつざいしょ》より起り、あるひは神代《かみよ》より伝はるといへども……、推古《すいこ》天皇の御宇《ぎょう》に、（聖徳太子）、秦河勝《はだのかわかつ》に仰せて、かつは天下安全のため、かつは諸人快楽《しょにんけらく》のため、六十六番の遊宴をなして　※原本旧字を新字に、ルビ旧仮名を新仮名にした

（野上豊一郎・西野実校訂『風姿花伝』岩波書店、一九五八年）

「仏在所」とはお釈迦《しゃか》様のお住まいの場所ですが、そこから起こったかどうかは別としても、「記紀神話」には天照大御神が天岩戸《あめのいわと》に御隠れになったときに、八百万《やおよろず》の神々が天照大御神をおびきだすためにアメノウズメ（猿女君《さるめのきみ》）にストリップをさせて喜ぶ場面があります。そして世阿弥によれば、推古天皇の御代から日本に拡《ひろ》がり、盛んに行われたとありますが、その真偽はともかく、古くから延年舞があったことだけは確実に言えます。

平安時代に男色が文化になってからは、仏教界では稚児《ちご》を交えた延年舞が流行《はや》りましたが、これを「稚児延年」と言いました。『古今著聞集』にも、鳥羽法皇の第五皇子の覚性《かくしょう》法親王《ほっしんのう》が寵愛する稚児に舞わせた記事がありますし、鳥羽法皇の男色の項でも触れたように、鳥羽法皇自身も舞人を寵愛していましたから、こうしたことからも仏教界から貴族社会に男色文化が降りてきていることがわかるわけです。

そうしたことを踏まえて鎌倉幕府の公式記録である『吾妻鏡』を読むと……。

〈一一九一年三月〉三日、辛亥《かのとい》、霽《はれ》、鶴岳宮《つるがおかぐう》の法会《ほうえ》、童舞《わらわまい》十人有り

〈一一九四年三月〉十五日、丙子《ひのえね》、将軍家、若宮の別当坊に渡御、是別当法眼の京都より招き下せる垂髪《すいはつ》、（稚童）尤《もっと》も郢律《えいりつ》の舞曲に堪ふ……、児童芸を施し、僧徒延年に及ぶ

〈一一九四年九月〉六日、癸巳《みずのとみ》、将軍家三浦三崎の別業《なりどころ》に渡御、若宮の垂髪等を召され

（龍粛訳註『吾妻鏡（三）』岩波書店、一九四〇年）

まだまだありますが、このように「垂髪」、「童舞（どうむ、わらわまい）」という言葉が頻繁に出てきています。垂髪とは、後鳥羽上皇の男色の項でも触れたように、稚児の髪型のことです。そしてその垂髪が童舞を舞うのですが、鎌倉時代になると、平安時代よりも大々的に、行事ごとに寺院から呼ばれるようになります。

ですから、男色文化は確実に鎌倉武士の間に入り込んでいますし、鎌倉幕府の成立は「男色の鎌倉武士への降下が起こった時期だ」と言えるわけです。

では、なぜ鎌倉武士の男色がそれ以上は出てこないのか？　となると、武士が貴族と違って日記を残していないということに尽きます。要するに、たとえ男色が事件にかかわっていたとしても、史料にない以上、わからないのです。

しかし、この時代でも、相変わらずお盛んなのが仏教界です。

誓いを守れなかったお坊さん

奈良の大仏で知られる東大寺のトップのことを、別当《べっとう》と言います。東大寺の別当は、今で言えば「国立大学総長」といったところでしょうか。鎌倉時代のお坊さんの男色エピソードでも最もぶっ飛んでいるのが、鎌倉中期に、その東大寺の別当にまでなった宗性《そうしょう》という人の三六歳のときの誓いでしょう。

五箇条起請《きしょう》のこと

一、四一歳以後は、つねに笠置寺《かさぎでら》に籠《こも》るべきこと。
二、現在までで、九五人である。男を犯すこと百人以上は、淫欲《いんよく》を行なうべきではないこと。
三、亀王丸以外に、愛童をつくらないこと。
四、自房中に上童《うえわらわ》を置くべきでないこと。
五、上童・中童のなかに、念者《ねんしゃ》をつくらないこと。

（松尾剛次『破戒と男色の仏教史』平凡社新書、二〇〇八年）

宗性は、この起請文の一条目をまず守っていません、なぜなら笠置寺に籠らずに、東大寺のトップになっていますから。
二条目ですが、三六歳で既に九五人の男と関係を持っています。しかも、なぜか、後四人までは許されるのです、宗性の誓いでは……。

東大寺大仏殿(奈良県)

そして三条目ですが、これは破ってます、なぜなら七〇歳を越えて、力命丸という愛童を作ってますから。ですから、二条目も破っていると思われます、恐らく。

四条目と五条目の「上童《うえわらわ》」と「中童《なかわらわ》」ですが、お寺で雑用をする童子のランクのことで、身分や年齢から「上童＞中童＞大童」となっていました。ですから、見方を変えれば「大童とはヤっちゃっても大丈夫！」と言っているようにも読めます……。

この誓いを読めば、「なんと不真面目な！」とか、「お坊さんなのに！」と皆さんは感じられるかも知れませんが、私は「人間くさいなぁ……」と思ってしまいます。しかも、この宗性は持戒を守ろうとして誓いを立てるわけで、結局は守れなかったとは言え、真面目な部類のお坊さんとも言えるのかも知れません。誓いすら立てていないお坊さんは、もっと多くの男色をしていたのかも知れませんし……。そして、見方を変えれば、それだけ日本は性に対して、やはりおおらかだったのだとも言えます。

鎌倉時代は、鎌倉新仏教と呼ばれる多くの宗派が生まれますが、浄土宗の法然《ほうねん》や浄土真宗の親鸞《しんらん》が、「守れもしない戒律なら、端《はし》からなくしてしまえ!」として無戒《むかい》を唱えます。そうした考え方が生まれたのも、このような現状があったからだとも言えます。

ちなみに宗性は、他にも「博打《ばくち》やお酒も止める!」と誓ってますけども、禁酒は間違いなく守っていないので、恐らく、博打も止められなかったのでしょう。

親鸞と『日出《ひいづるところ》処の天子《てんし》』

浄土真宗の開祖親鸞は、史上初めて公然と僧侶が妻帯することを認めた人物です。ところが、その親鸞が妻帯する根拠となったエピソードが怪しいのです。

親鸞は、源平合戦の最中の一一八一年、九歳で『愚管抄』の慈円《じえん》の下で出家し、比叡山延暦寺で修行します。その比叡山と言えば、言わずと知れた男色の総本山のようなところです。そして、当時の寺院では、男色に限らず、女色(女犯)も非公然に行われていました。親鸞は真剣に修行を重ねますが、悟りを求めながら煩悩に縛られる自分、さらに「僧侶の身である自分が堂々と愛する女性と結ばれることは許されないのか?」と悩み、二九歳のときに山を下りる決断をします。

そして親鸞は、聖徳太子建立と伝えられる京都頂法寺《ちょうほうじ》の六角堂に百日のお籠《こも》りを始めました。

その九五日目、聖徳太子（救世観音《ぐぜかんのん》）が親鸞の夢枕《ゆめまくら》に立ち、こう言います。

行者宿報設女犯
我成玉女身被犯
一生之間能荘厳
臨終引導生極楽

（瓜生津隆真・細川行信編『真宗小事典』法蔵館、一九八七年）

訳せば「もし、修行者が前世の因縁によって女性と一緒になるならば、私が女性となりましょう。そして清らかな生涯を全うし、臨終の際には極楽浄土に導きましょう」です。この夢のお告げのことを「六角夢告《ろっかくむこく》」と言います。

そのお告げを聞いた親鸞は浄土宗の開祖、法然の下に弟子入りし、恵信尼《えしんに》を妻帯します。つまり、明治以前で浄土真宗は唯一、公然と妻帯を認めた仏教宗派でした。

ところで、皆さんはこのエピソード、何かに似ていると

親鸞（1173～1263）

思いませんか？

　この中の「妻帯」を「稚児とのセックス」に替えれば、僧侶が男色を正当化させた稚児信仰の論理と一緒です。つまり、実際には女性と結ばれながら、精神的には、親鸞も聖徳太子（救世観音）との男色をしているということにお気付きになると思います。

　聖徳太子のＢＬ（ボーイズラブ）を描いた作品と言えば、一九八〇年代に山岸凉子先生の『日出処の天子』（全七巻、白泉社文庫、一九九四年）という少女マンガがありましたが、私の子供の頃はかなり興奮したものです。しかし、このストーリー自体はさすがに全くのフィクションで、実在の聖徳太子に男色エピソードは『日本書紀』や『上宮聖徳法王帝説《じょうぐうしょうとくほうおうていせつ》』などを読んでも出てきません。山岸先生がこの親鸞のエピソードまで想定されていたのかまではわかりませんが。

七〇〇年前のゲイポルノ

鎌倉新仏教のうち、鎌倉幕府が保護したのが禅宗の臨済宗《りんざいしゅう》でした。武士は当然、戦闘集団ですから、禅の「戒律を守り、自己の修行や鍛錬によって悟りの境地を開く」というのが、彼らの気風に合ったのでしょう。

　この禅宗寺院で、僧侶の食事のときに、その食べる順番などを大声で唱えたり世話をする人たちのことを「喝食《かっしき》」と言うのですが、この喝食が、稚児に替わる役割を担うことになります。ですから、結局禅宗でもやってることは比叡山や高野山と変わらなかったということです。

鎌倉時代に入っても仏教界の男色が変わらなかったのは、『宋版大般若経《そうはんだいはんにゃきょう》』の角筆（墨を付けずに筆圧だけで書く筆記具）で書かれた落書きに、「児尻舐」や「児尻セう」と書かれてることでもわかります。恐らくこれを書いたお坊さんは、「早く修行を終えて、稚児のお尻舐《な》めたいョ！」とイライラしていたのでしょう。

その他にも、延暦寺（山門）と三井寺（寺門、ともに滋賀県）の争いがすごく、これを「山門寺門の確執」と言うのですが、それに巻き込まれて稚児が誘拐される事件も頻繁に起こっています。

そんな鎌倉後期（一三二一年頃）に「ゲイポルノ」と言っても良い書物が書かれ、秘蔵されていたのが、『少年愛の美学』の稲垣足穂や三島由紀夫も写本を観たという、京都醍醐《だいご》寺の『稚児之草子』です（第四章扉の絵）。

『稚児之草子』は、仁和寺のお坊さんと稚児のセックスを生々しく描いた物語なのですが、男色研究の第一人者の岩田準一氏が『本朝男色考』の中で、「私はこの珍しい文献を是非ともここに記載して、当時の僧侶達に行われた男色の有様を如実に窺《うかが》って見たいけれども、憾《うら》むらくは、一部の抜書さえも面映ゆく覚える程、全文があからさまな描写で終始している事である」としてすべてカットしたほどです。

その『稚児之草子』が成立した頃に仁和寺にいたのが、井原西鶴に「清少納言の甥にラブレターを送った」という時空を超えた珍説を書かれた『徒然草』の吉田（卜部《うらべ》）兼好です。

ただし、今川了俊《いまがわりょうしゅん》の『落書露顕《らくしょろけん》』には「二条家の門弟、兼好法師が弟子命松丸とて童形のはべりしかば」とありますので、兼好が男色を嗜《たしな》んでなかったとは言いませんし、『徒然草』にも仁和寺の稚児にまつわるエピソードが挿入されています。

さて、仏教界において延年舞を稚児が舞うようになり、それが貴族社会に拡がり、そして鎌倉武士に大々的に受け入れられたわけですが、その延年舞とも深い関係を持つ猿楽（申楽《さるがく》）を能楽に大成させる人物が室町時代に現れることになります。

第五章

室町時代の男色

——庶民への男色文化の降下

貞秀《さだひで》『東山殿猿楽興行図』(国立能楽堂蔵)

田楽《でんがく》は七〇〇年前のＥＸＩＬＥ？

室町時代と言えば争乱の時代というイメージがあります。軍記物語『太平記』で描かれる世界はまさにその通りであり、「これのどこが太平なの？」と思うくらいです。

しかし、その一方で田楽や猿楽《さるがく》（申楽）などの芸能が庶民階級に至るまで隆盛した時代でもありました。

その中でも特に鎌倉後期から南北朝時代にかけて流行したのが田楽でした。『太平記』巻五には、鎌倉幕府最後の得宗《とくそう》北条高時《たかとき》が田楽に興じた様子についてこう書いてあります。

また、その比《ころ》、洛中《らくちゅう》に田楽を弄《もてあそ》ぶ事昌《さか》んにして、貴賤《きせん》皆これに婬《いん》せり。相模入道《さがみのにゅうどう》〈高時〉……、日夜朝暮にこれを弄ぶ事他事なし。……宴に臨んで一曲を歌へば、相模入道を始めとして、見物の一族大名、われ劣らじと、直垂《ひたたれ》、大口《おおくち》を脱いで抛《な》げ出《い》だす。集めてこれを積むに、山の如《ごと》し。その弊《つい》え、幾千万と云《い》ふ数を知らず

（兵藤裕己『太平記（一）』岩波書店、二〇一四年）

訳せば、「高時が田楽に昼夜を問わずに熱中し、高時も大名たちもおひねりを飛ばした。その額

は数え切れないほどだった」ということになります。この内容によってわかることは、幕府の権力者が田楽に熱中したこと。そして京都（洛中《らくちゅう》）においては、庶民に至るまで田楽が流行していたこと。さらに京都の流行が鎌倉に拡がっているということです。

さらに『太平記』巻二七にはこうあります。

新座本座の田楽ども、老若ともに楽屋を構へて、能くらべの猿楽をぞせさせける。……将軍（足利尊氏）の対座に居たれば、種々の献盃《こんぱい》、様々の美物、盃の始まるごとに、将軍、殊にこの山伏と長講とに色代《しきたい》ありて、替はる替はるに始め給ふ

（兵藤裕己『太平記（四）』岩波書店、二〇一五年）

要するに、室町幕府初代将軍足利尊氏《あしかがたかうじ》も、田楽に熱中していたことがわかるのです。このように田楽は、時の最高権力者が熱中するメジャーな芸能だったというわけです。

足利義満《よしみつ》と世阿弥《ぜあみ》

さて、テレビアニメ『一休さん』（テレビ朝日系列、一九七五年〜一九八二年）で一休宗純《そうじゅん》にとんちを出したり無理難題を押し付ける将軍様でお馴染《なじ》みの、足利義満が三代将軍（在職：一三六九〜

足利義満（1358〜1408）

世阿弥（1363〜1443）

一三九五）に就任した頃、大和（奈良県）の春日大社《かすがたいしゃ》、興福寺に奉仕する結崎座《ゆうざきざ》という猿楽集団に観阿弥《かんあみ》という人がおりました。当時の猿楽というのは、滑稽《こっけい》なモノマネがウリのローカルな踊りだったのですが、観阿弥は、そんな猿楽に田楽の要素も取り入れて、全国的に通用する踊りに変革します。

　観阿弥は、息子の鬼夜叉《おにやしゃ》を連れて舞うのですが、当時の幕府の最高権力者だった佐々木道誉《ささきどうよ》がまず観阿弥に眼を付け、さらに摂政関白を務め将軍義満の教育係だった公家の実力者の二条良基《にじょうよしもと》が鬼夜叉を愛して「藤若《ふじわか》」という名を与え、そして一七歳の義満が一三七四年（七五年説あり）、京都の新熊野神社で一二歳の藤若を見初《みそ》めることとなり、藤若は義満によって「世阿弥」と名乗ることになりました。要するに今で言えば、奈良県のローカルスターが東京で最高のパトロンを見付けることでトントン拍子にメジャーデビューを果たしたようなもので、観阿弥のそれを見極める能力はさすがの一言です。

一三七八年、世阿弥一六歳のときには、祇園祭《ぎおんまつり》で将軍の桟敷席、言わばロイヤルボックスで二一歳の義満と同席します。この様子を見た公家の三条公忠《きんただ》は『後愚昧記《ごぐまいき》』の中で「大和猿楽児童、（称観世之猿楽法師也、）自去頃大樹寵愛之」（岩田準一『本朝男色考』）と言ってまして、「大和猿楽児童」が世阿弥のことで、「大樹」とは将軍の唐名ですから義満のことです。ですから、義満が世阿弥を寵愛《ちょうあい》していることがわかります。

義満のそのときの世阿弥への可愛がり方は半端ではなかったようで、「同席伝器」とありますから、義満が世阿弥に器を与えたわけです。それを見た公忠の怒りは又半端なく、「如此散楽者、乞食所行也」、つまり「乞食のような散楽（猿楽）者に！」と、今なら差別用語と言われるような言葉で批判しています。

しかし、そんな将軍様の寵愛ぶりを見れば、周りの大名たちも、「我も、我も！」と世阿弥に贈り物をすることになります。そのために観阿弥一座は「費及巨万云々」、要するに、巨万の富を築きました。

ただし義満は、世阿弥を単に寵愛したわけではありませんでした。世阿弥の子の元能《もとよし》が書き遺した『世子以後六十申楽談儀《ぜしいごろくじゅうさるがくだんぎ》』には、義満が世阿弥にこう言ったとあります。

鹿苑院《ろくおんいん》〔義満〕、世子〔世阿弥〕に御向かい有て、「児は小股《こまた》を掬《すく》うと思ふ共、こゝは叶《かな》ふまじき」など、御感の余り御利口有し也

（表章校註『世阿弥　申楽談儀』岩波書店、一九六〇年）

訳せば、「義満は世阿弥に、『親父を負かそうと小器用にやっても、ここ〔芸の実力〕は親父には叶わんよ』と冗談まじりに言われた」ということでして、義満はしっかりと芸を見る眼も持っていました。

ところで、先程の公忠の批判は今の基準では差別発言と言われるでしょうけれども、歴史を今の基準で裁くことほど愚かなことはないので、それはやめるべきです。

ただし注目すべき点は、白河法皇と藤原宗通《むねみち》、鳥羽法皇と藤原信通《のぶみち》、後白河法皇と藤原信頼《のぶより》、そして義満と世阿弥に対しても、周囲が批判しているのは、決して「男色に対して」ではないことです。あくまでも「男色を使った身分不相応なことや依怙贔屓《えこひいき》なことに対して」ということです。これは後にも出てきますので、注意してみてください。

しかし世阿弥は、義満から「身分不相応で依怙贔屓」を受けても、それに慢心はしなかったようです。

義満は、これは今も昔も変わらず批判されてしかるべき大それた計画である、「皇位簒奪《さんだつ》計画」

を立てて実行しますが、その総仕上げに次男の足利義嗣《よしつぐ》を親王として元服させる儀式を行い、第一〇〇代後小松《ごこまつ》天皇を自分の別荘の北山第《きたやまだい》（現在の金閣のある鹿苑寺）に行幸を仰ぎます。

この義満にとっては晴れの舞台に世阿弥の姿はなく、そこで舞ったのは、義満の法名である「道義」から偏諱《へんき》を賜っていた道阿弥《どうあみ》でした。

しかし、この直後の一四〇八年五月、義満は急死し、皇位簒奪計画は、義満の長男で四代将軍の足利義持《よしもち》によって潰《つぶ》されました。

足利義持の男色――赤松満祐《みつすけ》の受難

断言しますが、足利将軍家は、初代尊氏から一五代義昭《よしあき》まで幼少で亡くなった将軍を除いて、ほぼほぼ男色家です。

足利義持という人は、義満が亡くなると、義満の北山第を金閣以外は破壊するなど、義満の政策を次々と否定して行きます。そして、義持は猿楽よりも田楽贔屓でもありましたから、徹底して義満路線を否定したわけです。

しかし、そんな義持が義満から受け継いだのが、男色でした。

一四二〇年に来日した李氏《りし》朝鮮の使節・宋希璟《そうきけい》の『老松堂日本行録《ろうしょうどうにほんこうろく》』には、「日本の奇事」としてこうあります。

其《そ》の王〈義持〉尤《もっと》も少年を好み、択《えら》びて宮中に入らしめ、宮 妾《きゅうしょう》多しと雖《いえど》も尤も少年を酷愛するなり。国人これに効《なら》うこと、皆王の少年を好むが如《ごと》し

（村井章介校注『老松堂日本行録―朝鮮使節の見た中世日本―』岩波書店、一九八七年）

訳せば、「義持は最も少年を好み、選んで御所に入れている。正室や側室は多いのに、それ以上に少年を酷愛している。そして、義持の家来たちも義持と同じように男色をしている」となりますから、当時の幕府は、義持以下、守護大名たちも含めて多くが男色をしていたわけです。

こうした外国の人物が見た史料というのは日本人への偏見が入り込んでいる場合もあるので、差し引いて考えることも必要なのですが、逆に日本人が「当たり前だから書かない」と思うことを書いているものもありますので、よく吟味しながら読めば、かなり価値がある場合もあると思います。そして、これまでを振り返ってみれば、この内容は間違ってはいないと言えるでしょう。

この義持の時代に播磨《はりま》・備前《びぜん》・美作《みまさか》（兵庫県南部、岡山県東部と北部）の守護大名だったのが、「三尺入道」という異名を持つ赤松満祐でしたが、三尺は九〇～一〇五センチですので、たとえ誇張であったとしても、かなり身長は低かったと思われます。吉本新喜劇の池乃めだか師匠のような人を想像してみてください。

この赤松家の傍流に赤松持貞《もちさだ》という男がいました。『嘉吉記《かきつき》』には「男色ノ寵ニヨツテ」とありますから、義持が持貞を寵愛したわけです。

この辺りは院政のときと同じで、持貞は赤松家の傍流ですから、そもそもは出世の見込みなどないのですが、寵愛によって、「備前、播磨、美作、三ケ国ヲ賜リケリ」、要するに「満祐の所領の播磨・備前・美作を取り上げて持貞にやる！」と義持は決めてしまいます。

この決定に満祐は当然ながら激怒し、京都の自宅を焼いて、播磨に帰ってしまいます。この満祐の行動に今度は義持が怒るのですが、満祐は諸大名と共に「持貞が将軍の側室と密通しているぞ！」と訴えます。

この訴えに対して義持は、なぜか持貞を許そうとするのですが、表沙汰《おもてざた》にされた以上、重臣たちや亡き義満の側室までが持貞を批判し始め、結果的には持貞は切腹を命じられました。

この結末に、義持は「存念不当也トニクミ玉フ」と、ここに至ってもなお「満祐の訴えは不当だ！」と憎んだそうです。

こうして見ると、院政期のデジャブを感じますが、しかし、なぜ義持は、ここまで持貞の肩を持ち続けたのでしょうか？

それは鎌倉幕府の将軍と室町幕府の将軍の違いにあります。

鎌倉将軍は、たとえ北条氏の傀儡《かいらい》となろうが、将軍と御家人との間には越えられない貴種としての身分差がありました。しかし、室町将軍と守護大名たちには、それほどの身分差がなかったのです。

例えば室町将軍を支える「三管四職《さんかんしき》」は教科書でも習われたと思いますが、斯波《しば》、細川、畠山の管領《かんれい》と山名、一色、赤松、京極の侍所所司《さむらいどころしょし》は、足利家の一門であったり、すべて足利家と同じ源氏です。そして、源氏であるということは、系図を辿《たど》れば嵯峨《さが》天皇や清和《せいわ》天皇などの皇室に行き着きますから、要するに、足利将軍家は「特別な貴種であるとは言えない」ということなのです。

ですから、院政期に上皇（法皇）が藤原摂関家に対抗して藤原氏の傍流を院の近臣に重用したように、義持も赤松家の傍流を男色で寵愛して、自分の味方になる人物を守護大名にしようとしている、つまり、ここにも男色ネットワーク作りがあったわけです。

しかし、守護大名たちにとっては、それをやられれば次は我が身ですから、全力で潰《つぶ》しました。その証拠に、義持の子の五代将軍足利義量《よしかず》が亡くなり、義持も一四二八年に重体に陥ると、「オレが誰と決めても大名たちが納得しない！」と後継者を指名せずに亡くなりました。

こうして、くじ引きによって選ばれたのが、六代将軍足利義教《よしのり》です。

足利義教の男色——さらに続く満祐の受難

くじ引きによって六代将軍に選ばれた足利義教は、将軍就任前、まだ義円《ぎえん》と名乗っていた一四一九年に、宗教界のトップである天台座主《てんだいざす》となっています。しかし、親の七光りではなく「天台開闢《かいびゃく》以来の逸材」と呼ばれるくらいの実力も才能も持った人でした。そして、義教もまた、僧籍にあるときにもエピソードが残るくらいの男色将軍でした。

そんな義教のお相手が、またもや赤松家の傍流の赤松貞村《さだむら》です。『嘉吉記』には「赤松伊豆守貞村、男色ノ寵比類ナシ」とあります。そして一四四一年、「赤松家家督ヲ継グベキ者ハ此人《このひと》ナルベシト仰セテ、三ケ国ヲ賜ハン御教書ヲ……」、要するに、またまた、播磨・備前・美作の三ヶ国を義教は貞村に与えようとします。そして、このときの赤松家の惣領《そうりょう》も、やはり満祐です。ここまで来れば、「なんかオレ、受難の相でもあるのか?」と疑うレベルです……。

足利義教（1394〜1441）

ここに来て、満祐はキレました。一四四一年、関東で反乱があり、それを義教が破ります（結城合戦《ゆうきかっせん》）。その戦勝祝いに赤松家に招待された義教は、赤松邸で、満祐の刺客によって討たれました、四八歳でした。このとき、多くの義教に同行した人たちが奮戦しましたが、斬り殺されたり重傷を負いました。そして、その三ヶ月後には満祐も山名持豊《もちとよ》（後の宗全）の幕府軍によって討たれます、これを嘉吉の変と言います。

この状況を見て伏見宮貞成親王《ふしみのみやさだふさ》（後崇光院《ごすこういん》）は『看聞日記《かんもんにっき》』

で「自業自得果、力無キ事力。将軍、此《こ》ノ如《ごと》キ犬死」（高坂好『人物叢書　赤松円心・満祐』吉川弘文館、一九七〇年）と冷徹に言い放っています。

さて、では、この奮戦した人たちはなんだったのか？　そして、義教の死後、なぜ三ヶ月も満祐追討に日数がかかったのか？　さらに、義教の死は本当に「自業自得の犬死」だったのでしょうか？

「室町幕府の将軍を三人挙げよ」という問題があれば、恐らくほとんどの皆さんは初代尊氏、三代義満、そして八代義政を挙げるでしょう。

しかし、作家の明石散人《あかしさんじん》先生は「〈義教は〉『九州平定』『比叡攻め』『南朝剪滅《せんめつ》』『関東平定』『宗教界制覇』を成し遂げ、わずかに十三年で奥州から琉《りゅう》球《きゅう》まで制圧してしまった未曽《みぞ》有《う》の英雄であった」と仰っています（明石散人『二人の天魔王』ビジネス社、二〇一五年）。この本は義教の業績を述べるのが主眼ではないので、詳しくは割愛しますが、明石先生の述べられている通り、これだけのことを義教は確かに実行しています。

そのためには軍事力が必要で、そこで義教は奉公衆を作りました。奉公衆とは、義教の親衛隊であり、守護大名の次男や三男を集めるのですが、彼らが命懸けで将軍のために戦うようにするために、男色が使われたわけです。

さらに、義持のときにも述べた通り、守護大名の力を弱める必要がありますから、守護大名の家督相続にどしどし介入するわけで、その一つが赤松家であったということになるのです。

ですから、義教暗殺のときに命懸けで戦ったのが、彼ら義教男色ネットワークの親衛隊の面々であり、彼らを失ったからこそ、幕府は三ヶ月も機能不全に陥り赤松満祐を攻める日数がムダに掛かったわけです。

義教が作った奉公衆は、この後も機能し続け、一四九三年の明応《めいおう》の政変でこの奉公衆が解体されたとき、世の中は戦国時代に突入することになります。多くの庶民にとってみれば、戦乱に明け暮れる世の中よりも、平和で安定した世の中が良いに決まっています。ですから、この一点だけを取っても、義教は、当時の庶民にとっては偉大な人物であったと言えるでしょうし、義教の死は、伏見宮貞成親王が言うような「犬死」では断じてなかったと言えます（倉山満『大間違いの織田信長』KKベストセラーズ、二〇一七年）。

応仁《おうにん》の乱――まだまだ続くぞ、赤松家の受難

義教の死後、七代将軍に義教の子の足利義勝《よしかつ》が継ぐのですが、二年後にわずか九歳で亡くなり、その弟の足利義政《よしまさ》が八代将軍になります。

赤松家はその後どうなったのか？　と言いますと、満祐が討たれた後の旧赤松領は山名宗全が治めることになり、さらに嘉吉の変のきっかけを作った貞村も落馬で亡くなり、赤松家は完全に没落

応仁の乱

しました。そうなると、当然ながら赤松家の遺臣たちは、御家再興を目指して頑張ることになります。

赤松家の領国を得た宗全の山名家は、義満の時代には全国の六分の一の一ヶ国を治めたので「六分の一殿」と呼ばれましたが、義満によって明徳《めいとく》の乱で三ヶ国の守護にまで没落させられていました。しかし、嘉吉の変によって山名家を八ヶ国の守護にまで復活させたのが、宗全です。

そうした事情から、今度は山名家が幕府から警戒されます。そしてそこで山名家対策として使われたのが赤松家でした。

義政は早速、満祐の甥の則尚《のりなお》を許して播磨を与えようとします。当然ながら宗全は怒り、一四五五年、則尚を攻め滅ぼしました。これについて、江戸時代の滝沢馬琴は『近世説美少年録』の中で「慈照院義政公も亦《また》懲りずまに、赤松彦五郎則尚が美少年なるをもて恩禄《おんろく》の沙汰《さた》ましましき」（岩田準一『本朝男色考』）と、これを義政と則尚の男色が原因としていますが、そこまではわかりません。事実ならば、義政は「父の仇《かたき》の甥っ子とヤっちゃってる」となって、話の展開としては面白いのですが。

その一方で、義政が寵愛したことが間違いないのが、満祐の弟の孫の赤松法師丸という男で、彼は義政から偏諱《へんき》を賜って「政則《まさのり》」と名乗りました。さらに『重編応仁記』には「世に隠れ無き美少年なり。細川勝元深く愛して其の志常に厚く」（須永朝彦『美少年日本史』）とありますから、政則は管領の細川勝元にも寵愛を受けていたわけです。そして、勝元は後に自分の娘を政則に嫁がせています。そのために政則は三条西実隆《さねたか》の『実隆公記』に「威勢無双、冨貴比肩の輩なし」（高坂好『人物叢書　赤松円心・満祐』）とまで言われたほどでした。

このとき、義教の死によって混乱していた幕府の間隙《かんげき》を付いて後南朝の勢力に神器が奪われていたのですが、御家再興を条件に赤松家の遺臣たちが一四五七年に取り返しました（長禄《ちょうろく》の変）。この功によって、赤松家は加賀半国（石川県）を得て、再興を果たします。

こうした、赤松家を使った山名家への牽制《けんせい》策に動いたのが管領の細川勝元だったことが、勝元と宗全の対立となり、一四六七年から一一年にわたる応仁《おうにん》の乱の一因となって行きました。

赤松家の人たちは、義持と持貞、義教と貞村、そして義政（勝元）と政則と、美少年の血が流れているから寵愛されたと言えますが、言い替えれば、男色を使った室町将軍家による守護大名統制策の犠牲になった人たちとも言えるでしょう。

魔法使いになろうとした細川政元の男色

これ以降も室町将軍の男色エピソードはまだまだあるのですが、ここからは事実上の戦国時代の

細川政元（1466～1507）

幕を開けた男、細川政元に移ります。

　政元は勝元の子として生まれ、九代将軍義尚、一〇代将軍義《よし》材《き》（後の義稙《よしたね》）、一一代将軍義澄《よしずみ》の下で管領を務めました。政元は一四九三年、将軍義材を追い出すクーデターを起こし、義澄を傀儡《かいらい》の将軍にして実権を握り「半将軍」と呼ばれます。明《めい》応《おう》の政変です。

　そんな政元がはまっているのが空飛ぶ魔法でして、『細川両家記』には「常に魔法を行ひて」とあります、これを飯綱《いづな》の法と言います。

　政元の空飛ぶ魔法の修行のために、周囲が困ったことが二つありました。

　一つ目は、『細川両家記』に「四十の員《かず》に及ぶまで夫婦の語らひ無き間、御子一人もましまさず」とあり、『足利治乱記』には「政元嘗《かつ》て飯綱ノ法を崇信し、而《しか》して少童を押愛す」とありますから、四〇歳になっても妻帯せずに子供を作らないわけです、その上で少年との男色はヤっています。

　男色は良いのです。これまでも見たように、日本では当たり前のことですから。しかし、子供を作らないのは本当に困ります。細川宗家のことを京兆家《けいちょうけ》と言うのですが、世継ぎがいないと京兆家が存続できません。そこで、公家の近衛家から細川澄之《すみゆき》、阿波《あわ》讃州家《さんしゅうけ》（徳島県）から細川澄元、野州家から細川高国を養子に迎えます。下野守《しもつけのかみ》の子孫なので野州家なのですが、要するに阿波讃州家とともに分家です。

困ったことの二つ目は、政元は、半将軍のくせに職務放棄して勝手に修行に行くのです。それで、将軍の義澄が直々に「帰って来てください！」と説得しに行くこともありました。

こうしたことが続くのですから、騒動が起きないわけがありません。薬師寺元一という男は阿波の澄元を養子に迎えるために尽力したのですが、その元一が政元を隠居させて澄元に家督を継がせようと一五〇四年、淀城《よどじょう》（大阪府）に立て籠ります。しかし、元一の謀叛《むほん》は失敗し、自刃《じじん》に追い込まれるのですが、その元一の辞世の句がこちらです。

冥土《めいど》には　能《よ》きわかしゅの　ありければ　思ひ立ちぬる　旅衣かな

この句の肝は「わかしゅ」です。「我が主」と読めば、「あの世には政元様よりも良い主君（我が主）がいるから、今日からそこへ旅立ちます」という意味で、政元への皮肉の句となります。しかし、「若衆」と読むこともでき、若衆とは「男色における受け身の男」のことですから、それだと「あの世には良い若衆がいますから、政元様もどうぞ！」となります。つまり、これは政元への呪《のろ》いの句でもあるのです。元一の「元」は政元からの偏諱とも考えられますから、二人は男色関係にあったのかも知れません。

その後、澄元と澄之の養子二人が対立しますが、このような混乱の最中に政元は「奥州に修行したい！」と言い出す始末。そこで澄之派の家臣たちは、一五〇七年六月、修行のために入浴中だった政元を暗殺しました。

政元の一生を見ると、男色家によるクーデターで戦国時代に突入し、その男色家が子供を作らず、さらに度重なる職務放棄をしたせいで、さらなる社会の混乱を招いたと言えるでしょう。

細川高国の男色

政元の暗殺後も、細川家の混乱は収まりませんでした。

明応の政変で追放されていた前将軍足利義材（義稙）の将軍復帰や山口の大内義興《おおうちよしおき》の上洛《じょうらく》などもありながら、政元の死からわずか一年の間に実質的な政権トップの細川京兆家の家督が「政元→澄之→澄元→高国」と目まぐるしく変わったので、これを永正《えいしょう》の錯乱と言いました。

この後も澄元派と高国派の争いが止まらず、一五〇九年から三一年まで続いたこの両派の争いを両細川の乱と言います。

この後もいろいろあるのですが、ここからは、政元の養子、細川高国の男色です。

高国が寵愛したのが、柳本賢治という男です。『重編続応仁後記』には「柳本弾正忠《だんじょうのちゅう》〈賢治〉

ト云フ者有リ。若年ノ時ハ美童ニテ、道永禅門〈高国〉男色ニ耽《ふけ》ラレケル程ニ、此者《このもの》ヲ寵愛セラレ、成人ノ後今ニ至テ俸禄《ほうろく》ニ余リ、栄耀《えいよう》人ニ越タリケレバ」とありますので、賢治が幼い頃は美しかったので高国の寵愛を受けて、大人になっても栄華を極めていたわけです。

ところが、高国の従兄弟と賢治の兄が対立して賢治の兄が殺されます。そのために「此ハ君臣ノ義ヲ重ンジ、彼ハ朋友《ほうゆう》ノ睦《むつ》ミヲ厚クシ、互ニ泣ク泣ク別レケル」、二人は泣く泣く別れ、敵対することになりました。

その後、紆《う》余《よ》曲《きょく》折《せつ》はありながら、最終的には一五三〇年に賢治は高国に殺され、高国も翌年に切腹に追い込まれます。そして細川京兆家は衰退することとなりました。

細川家は、将軍家をはじめとして多くの守護大名が没落する中でも、家中のゴタゴタが少なかったおかげで力を付け、とうとう将軍に代わるほどの権力を得るまでになったのですが、結局は御家騒動のゴタゴタで没落して行きました。その最大の要因が、男色でした。

庶民への男色文化の降下

足利義満の寵愛を受けた世阿弥の猿楽は、その後、音阿弥が観世《かんぜ》を名乗り、歴代将軍の庇護《ひご》を受けます。八代義政は音阿弥の子の蓮阿弥《れんあみ》を寵愛し、九代義尚は観世彦五郎を寵愛する余り、「広沢」という足利一門の名字と、偏諱を与えて「尚正」と名乗らせます。三条西実隆は『実隆公記』で、

柴屋軒宗長（1448～1532）

大名や公家たちがお祝いを贈る光景に腹を立てていますが、やはりこの場合も「男色への怒りではなく身分不相応や依怙贔屓への怒り」です。

それはともかく、こうした猿楽の隆盛によって、猿楽の勧請興行が全国で行われるようになります。そして、庶民向きの手猿楽が生まれ、その手猿楽から女房猿楽や稚児猿楽が生まれ、さらに平安時代に寺院で流行していた稚児による延年舞も含めて、庶民に男色文化が普及して行ったわけです。そうしたことは、この当時の紀行文からわかります。

例えば、聖護《しょうご》院門跡《いんもんぜき》の道興《どうこう》による紀行文『廻国雑記《かいこくざっき》』（一四八七年）には、関東各地で道興が稚児と遊んだことが書かれています。さらに連歌師の柴屋軒宗長《さいおくけんそうちょう》の紀行文『東路《あずまじ》のつと』には、一五〇九年に下総《しもうさ》（千葉県）を旅したときの情景として「夜に入りて延年の若き衆声よきが廿余人、ふきはやし調べまひ唄《うた》の優に面白く、盃《さかずき》の数そひ、百たび心地狂ずるばかりにて、暁近くなりぬ」（岩田準一『本朝男色考』）と書かれてますから、宗長が今の千葉県で夜から早朝まで二〇人以上の稚児たちの延年舞をお酒を呑《の》みながら楽しんでいたことがわかるわけです。

つまり、室町時代というのは、仏教界→貴族社会→武家社会と拡がってきた男色文化が、とうとう庶民にまで降りてきた時代なのであって、それがさらに地方にまで拡がった時代だったわけです。

そして、それは猿楽の隆盛があればこそであるのですから、庶民への男色文化が降りてきたルーツがどこなのか？　となれば、「一三七四年（若《も》しくは七五年）の足利義満が新熊野神社で世阿弥を見初めた時」となるでしょう。

男色文化が庶民にまで伝わり、そして地方にまで拡がったとき、世の中は戦国時代を迎え、海の遥《はる》か彼方《かなた》から、あの男がやって来ます。

第六章

戦国時代の男色

——宣教師は男色をどう見たのか？

楊斎延一《ようさいのぶかず》『本能寺焼討之図《ほんのうじやきうちのず》』（名古屋市蔵）

中世ヨーロッパは男色家にとっての地獄

ヨーロッパの暗黒の中世においては、魔女狩りと称して、魔女認定されると火炙《ひあぶ》りという処刑が行われていました。火炙りと言えば、百年戦争における一四三一年のジャンヌ・ダルクの火炙りが有名ですが、なぜ火炙りが行われたのか？　と言えば、たとえ亡くなっても、肉体が残れば復活することができると考えられていたからです。

そんなジャンヌが火炙りにされた理由の一つに、「男装したから」というものがありました。『旧約聖書』の「申命記《しんめいき》」には「女は男の着物を着てはならない。また男は女の着物を着てはならない。あなたの神、主はそのような事をする者を忌みきらわれるからである」（日本聖書協会『口語訳　旧約聖書』）とあります。つまり、当時のヨーロッパでは異性装は罪だったわけです。

ジュール＝ウジェーヌ・ルヌヴー
『ジャンヌ・ダルク焚刑《ふんけい》』

キリスト教社会においては『旧約聖書』に基づいて、オナニーも男色行為も、生殖目的ではないことから禁じられていたことは第一章、二章でも触れました。

男色については「女と寝るように男と寝る者は、ふたりとも憎むべき事をしたので、必ず殺されなければならない」(「レビ記」)とあり、性転換に関しては「すべて去勢した男子は主の会衆に加わってはならない」(「申命記」)とありますから、明確に罪であるとしています。

そうしたことから、一七二六年にはフランスのパリで、肛門性交した男が男色の罪で火炙りに処されていますし、さらに、一五九九年にはフランスのドールにおいて、両性具有者、つまりは生まれたときから男性と女性の性器を持つ者までが、魔女認定されて、火炙りにされています(田中寛一「『ミシェル・フーコー』による両性具有者の歴史」関西大学学術リポジトリ、二〇〇四年)。

さて、一四九二年のコロンブスによるアメリカ大陸到達によって、ローマ教皇は、世界を勝手に大西洋の西側はスペイン、東側はポルトガルの所有とするという、なんともはた迷惑な取り決めをします。一四九三年の教皇子午線、一四九四年のトルデシリャス条約です。さらに、一五二九年には地球が丸いのなら、その反対側も、東西がどちらのものかのラインを決めようと、サラゴサ条約で反対側も分割されました。要するに、ローマ教皇が勝手に世界を二分割して、スペインとポルトガルにそのラインの中での侵略をする権利を与えていたわけです。これをデマルカシオン(分界)と言います。

そんな中で、ヨーロッパではプロテスタントによる宗教改革でカトリックは劣勢となり、カトリックはその勢力拡大をヨーロッパ以外に求めます。そのための世界征服の尖兵《せんぺい》として、イエズス会が結成されました。

そのイエズス会の初期メンバーの一人、フランシスコ・ザビエルが、一五四九年に薩摩（鹿児島県）に上陸します。表向きは「カトリックの布教」、そしてその裏には当然、「日本侵略」という目的がありました。

ザビエルの見た男色

来日したザビエルの日本人に対する感想は、「此《こ》の国民は、私が遭遇した国民の中では、一番傑出してゐる。私には、どの不信者国民も、日本人より優れてゐる者は無いと考へられる」（アルーペ神父・井上郁二訳『聖フランシスコ・デ・サビエル書翰抄《しょかんしょう》』岩波書店、一九四九年）と、かなり好意的です。そんなザビエルが嫌悪感を抱いているのが、日本のお坊さんについてです。

〈ゴアのアントニオ・ゴメス神父宛、鹿児島にて、一五四九年一一月五日〉
私は、一般の住民は、彼らが坊さんと呼ぶ僧侶《そうりょ》よりは、悪習に染むこと少なく……彼等（日本のお坊さん）は、自堕落な生活をしてゐる。同じ宗派の尼さんがあつて、それらと一諸に住んでゐる。国民は、これを背徳の所業だと思つてゐる。……人々に、坊さん達はなほ他の罪を犯すかと尋ねたら、然《しか》りと答へ、読み書きを習ふ生徒と罪を犯すと言つた

フランシスコ・ザビエル（1506〜1552）

要するに、「鹿児島のお坊さんたちは女犯も男色も当たり前のようにしている」と言っているのです。ちなみに「読み書きを習う生徒」は武士の子供ですから、僧侶が武士の子弟と男色をしていたということで、武士社会にも男色が流行《はや》っていることがわかります。

カトリックのザビエルが女犯や男色に嫌悪感を示すのは、ザビエルの基準からすれば当然のことでしょう。しかし、ここで注意すべきは、庶民は「背徳の所業」と感じていることであって、要は、鹿児島においては一五四九年段階では、まだまだ庶民に男色文化は降りてきてはいないということがわかります。室町時代で取り上げた道興の『廻国雑記』においても、関東での稚児遊びはしていても、北陸や東北ではしていませんので、男色文化の伝播《でんぱ》速度は当然、地域によって違っていたということになります。

その後、ザビエルは鹿児島から平戸《ひらど》（長崎県）を経て、山口に向かいます。その山口でザビエルの説教を聞いた庶民の反応がどうだったのか？　と言うと……。

〈欧州の（イエズス）会友宛、コチンにて、一五五二年一月二九日〉

ゲラゲラと笑ひながら、……「この人は乱倫は罪悪だと言つてるよ」と叫ぶ。つまりこれらの

悪業が、彼等の間に頻《しき》りに行はれてゐるのである
〈日本のお坊さんは〉平気で姦淫《かんいん》し、罪の対象たる少年を養つてゐる。それを詰問すると、こんなことは罪ではないと言つて、泰然自若としてゐる。従つて国民の間にも、この悪風が行はれてゐる。坊さんがやつてゐるのだから、俗人は当然のことだと考へられてゐるのだ

要するに、山口では、ザビエルが「男色は罪！」と叫んでも、庶民に嘲笑《ちょうしょう》されているのです。そして、お坊さんたちは男色を罪悪などと思ってさえもいないし、庶民に至るまで、お坊さんがやっているのだからとして、男色をしていると言っているのです。つまりこれによって、鹿児島と違って、山口では庶民にまで男色文化が降りてきていたということがわかるわけです。

そんな山口を治める領主に、ザビエルは謁見します。その領主の名を大内義隆《おおうちよしたか》と言いました。このときのザビエルの謁見については、後に来日するイエズス会宣教師のルイス・フロイスが『日本史』の中で詳しく書いています。

〈ザビエルの教義の説明が〉ソドマ〈ソドム〉の罪のところにきた。そこには、このようないやらしい事を行なう人間は、豚よりも穢《けが》らわしく、犬やそのほかの道理を弁《わきま》えない禽獣《きんじゅう》よりも下

劣であると書いてあった。この点はいたく王〈義隆〉の良心にこたえたらしく、彼の顔にはこの教えに対して憤然とした気色が露《あらわ》れていた。その点が読み聞かされるやいなや、かの貴人は彼等に立ち去るように合図をしたからである。そこで、彼等は王に暇を告げたが、王は一言も返辞しなかった

（柳谷武夫訳『日本史1　キリシタン伝来のころ』平凡社、一九六三年）

要するに、ザビエルの説明がソドムの罪、つまり男色の罪に至り、ザビエルが「男色をする者は犬畜生にも劣る！」と言った、まさにそのとき、義隆は不快になったわけです。しかも、このときザビエルに同行した宣教師は、命の危険すら感じたとか……。

では、なぜ義隆は怒ったのでしょうか？

大内義隆は男色オリンピックの金メダル候補？

なぜ義隆は怒ったのか？　それは義隆が、戦国時代に「男色オリンピック」があったならば、間違いなく金メダル候補ナンバーワンと言ってもよい人物だったからです。

義隆は、細川政元の暗殺に伴って上洛《じょうらく》した大内義興《よしおき》の嫡男で、中国地方西部から北九州の広範囲に渡って支配する大大名でした。

大内義隆（1507〜1551）

当時はこの大内家に対抗する大勢力として出雲《いずも》（島根県）の尼子《あまこ》家がいましたが、尼子家は中国地方東部の大部分を押さえていました。後に中国地方から四国、北九州の一部まで支配する大大名となる毛利元就《もとなり》も、この当時は安芸《あき》（広島県西部）の一国人に過ぎず、この大内家と尼子家に囲まれてどちらの味方に付くか？　の二者択一を迫られる存在でした。

元就は、このうちの大内を選び、嫡男の毛利隆元《たかもと》を人質に差し出します。人質と言っても、送る側としては忠誠の証《あかし》であり、送られる側としては裏切らない味方という意味にもなりますから、人質を受け取る側の大内家としても、隆元を厚遇します。ただし、義隆と隆元の間には、男色の記録はありません。では、なぜここに書いたのかについては後ほど。

それに対して、義隆との男色記録があるのが、元就の三男の小早川隆景《こばやかわたかかげ》です。『陰徳太平記』にはこうあります。

元就父子はしばし逗留《とうりゅう》して御坐《おわしま》す。又四郎隆景は当年十六歳、弥子瑕《びしか》六郎も顔色を失ふ容貌《ようぼう》なれば、義隆断袖《だんしゅう》の寵愛《ちょうあい》あさからずして訳せば、「毛利元就親子は山口に滞留しました。そのとき、隆景は一六歳で、弥子瑕六郎も顔色を失うくらいの男前、義隆の断袖の寵愛が物凄《ものすご》かった」となります。

この中の「弥子瑕」と「断袖《だんしゅう》の寵愛」は、いずれもチャイナの故事に由来し、いずれも男色を表しています。ちなみに、他にもチャイナの故事として「断袖余桃《よとう》」もありますが、これらが出てくれば、男色があったと思っていただいて結構です。

そして、隆景は義隆から「隆」の字を賜《たまわ》っていますから、まずこの二人の男色は間違いないと断言しても良いでしょう。

その他にも『大内義隆記』には「陶ノ尾州《すえ》未ダ五郎ト申シテ若カリシ時、恋慕ノ心アリテ」とあるのですが、この陶五郎こそ、後の陶隆房《たかふさ》（晴賢《はるかた》）であり、二人は若い頃、距離にして四〇キロほどある、義隆の居館のあった山口と隆房の居城のあった現在の山口県周南市《しゅうなんし》の中間のお寺で逢《あ》い引《び》きしていました。

さて、ザビエルは、山口から京都に向かい、第一〇五代後奈良天皇に拝謁を望みますが叶《かな》わず、再び一五五一年に義隆に謁見し、贈り物をして機嫌を取った上で布教の許可を得ました。

しかし、その半年後、ザビエルが豊後《ぶんご》（大分県）の府内に滞在しているとき、義隆の元愛人の陶隆房が謀叛《むほん》を起こし、義隆は自害します（大寧寺《たいねいじ》の変）。

ここで、一回目の義隆とザビエルの謁見に戻りましょう。ザビエルの来日の真の目的は、すでに述べた通り、カトリックの布教ではなく日本征服なのです。しかし、ザビエルにとって、男色行為は日本征服という目的さえも忘れさせるくらいに許されざることであったわけで、さらにザビエルとすれば、山口で許可を得られなくとも、京都に上って、義隆よりも偉い人（天皇や将軍）に許可を貰《もら》えれば良いと思っていたのだと思います。しかし、実際の京都は度重なる戦乱で疲弊していました。そこでザビエルは、二回目の謁見では真の目的に立ち戻って、義隆の機嫌を取ることを優先したのでしょう。

その証拠に、ザビエルは大寧寺の変の義隆の死について、先程の一五五二年一月の書簡の中で「悪魔は山口に戦争を勃発《ぼっぱつ》させるやうにした」と、布教の許可を得た義隆を突き放すような言い方をしています。ザビエルにとっては、どんなに義隆から布教許可を得ようが、男色をしている義隆など、所詮《しょせん》は悪魔に成敗されるべき存在くらいにしか思っていなかったのでしょう。

さて、大寧寺の変から四年後の一五五五年、毛利元就は陶晴賢を厳島《いつくしま》の戦いで破り、中国地方の覇者の道を歩むことになりますが、元就も当初は晴賢との敵対には慎重でした。なぜなら、当時の陶と毛利の国力差が開きすぎていたからです。事実、厳島の戦いでも陶軍二万に対して毛利軍三〇〇〇で、七倍近くの差があります。ですから、厳島での毛利軍の勝利は謀神と称せられた元就の知謀あればこそであったわけです。

しかし、その慎重だった元就に、晴賢と敵対するように積極論で押しきったのは隆元です。その隆元の積極論の根底には、当然、隆元の義隆に対する忠義、浄愛があったと考えるのが妥当でしょう。隆元は、一五五七年の大内家を滅ぼす防長経略後、山口の大内家の居館跡に義隆の菩提寺として竜福寺《りゅうふくじ》を再興し、義隆の束帯姿の肖像画を描かせています（福尾猛市郎『人物叢書　大内義隆』吉川弘文館、一九五九年）。

言うなれば、「義隆の愛人」に討ち取られた義隆の仇《かたき》は、やはり「義隆の愛人たち」によって晴らされたのだと言えるのかも知れません。

織田信長《おだのぶなが》と森蘭丸《もりらんまる》

元就が晴賢を奇襲で破った五年後の一五六〇年、桶狭間《おけはざま》において今川義元《いまがわよしもと》を奇襲で破ったのが織田信長です。

信長の男色と言えば「森蘭丸」、森蘭丸と言えば「小姓」、このイメージをお持ちの方は多いでしょう。では、なぜ小姓が戦国時代になると多く出てくるのでしょうか？

それは、戦場での長期滞在に女性を連れて行くことはできないからであり、常に殿様の身近に付き従うのが小姓たちだったからです。

小姓を表すときに「御物《ごもつ》」という言葉が使われます。御物とは宝物のことです。つまり、小姓た

織田信長（1534〜1582）

ちは殿様にとっての大切な宝物だったわけです。

さらに「御座を直す」や「伽《とぎ》」という言葉もありまして、これが出てくれば、「○○クンは殿様のお手付きになった＝ヤっちゃった」という意味になります。

小姓は常に殿様の身近にいますし、お布団の中でも、単にセックスするだけではなく、殿様からマンツーマンの英才教育を受けることができます。ですから、小姓は必然的に、殿様の優秀な秘書になるわけです。

そこで蘭丸に戻りますが、蘭丸には、信長に対する多くの機転を利かせたエピソードや気遣いエピソードはあります。しかし、残念ながら蘭丸の容姿に関わることであるとか、蘭丸が信長と男色をしたとは、太田牛一の『信長公記《しんちょうこうき》』や小瀬甫庵《おぜほあん》の『信長記』等にはありません。さらに、森蘭丸という名前自体に関しても、「森乱」となっているのです。ただし、史料にはなくとも、小姓であったことは事実であり、小姓が「殿様の御物」であることを考えれば、容姿に関しては美しかったであろうとは思います。

そういうわけで、蘭丸（乱）が優秀な秘書であったことは間違いないですし、容姿に関しても美少年であったことも間違いないと言って良いと思いますが、信長との男色に関しては、記録がないので「わからない」としか言えないとなります。

実は、信長自身について『信長公記』を読んでも、男色にまつわる記録はないのです。これまでも見たように、男色に対して日本では偏見などありませんし、『信長公記』には、その他の人物の男色については書いてあります。

例えば信長の弟の織田信行《のぶゆき》については「勘十郎殿（信行）御若衆に津々木蔵人とてこれあり」（桑田忠親校注『信長公記（全）』人物往来社、一九六五年）とありますし、一五代将軍足利義昭《よしあき》に信長が出した「十七ヶ条の意見書」には「御宿直に召し寄せられ候若衆に、御扶持《ごふち》を加へられたく思食され候はば、当座当座、何なりとも御座あるべき事に候ところ、或は御代官職仰せ付けられ、或は非分の公事を申しつかせられ候事、天下の褒貶《ほうへん》沙汰《さた》の限りに候事」とありまして、要約すれば「義昭は男色で依怙贔屓するな！」と信長が言っているのです。とにかく牛一は男色を隠していません。ですから、牛一が信長の男色があったとして、隠す理由もないと思うべきでしょう。

では、信長は男色をしていなかったのか？　となると、そんなことはありません。

信玄が高坂弾正《こうさかだんじょう》に恥ずかしい手紙を書いた訳

信長が男色したことが間違いないと言えるのが、加賀百万石の藩祖、前田利家《まえだとしいえ》です。『亜相公御夜話《あそうこうおんやわ》』によると、利家は、鶴《つる》のお吸い物が出されると、すぐに腹痛を起こしたそうです。

信長が築城した安土城《あづち》（滋賀県）で、あるとき、信長自身が家臣に振る舞い、言葉を掛けます。そして利家の番になったのですが、「信長公御傍に寝臥《しんが》なされ、御秘蔵にて候」（武光誠監修『日本男色物語』）、つまり、信長は「コイツは昔はオレと一緒に寝て秘蔵っ子だった！」と言って褒め称《たた》えているわけです。

これを聞いた家臣たちは、「利家殿にあやかりたい！」と褒め、次々と鶴のお吸い物を利家に勧めたので、すっかり飲み過ぎた利家は、それ以来、鶴のお吸い物が苦手になった。という話です。

これを見ても、殿様との男色関係を結ぶことは恥どころか、むしろ名誉だったということがわかるのですが、この利家は、一五歳のときに信長の小姓を務めています。しかし利家は、一五五九年に信長の茶坊主を斬《き》ったことで出奔《しゅっぽん》、牢人《ろうにん》生活を余儀なくされます。その牢人のままで利家は翌年の桶狭間に参戦し活躍しますが許されず、翌年にさらに活躍したことで、信長から帰参を許されました。

要するに利家は、織田家から出奔し、牢人の立場になりながらも、信長のために働いていたわけです。では、それはなぜでしょうか？

この時代の男色を表すとき、「衆道《しゅどう》」という用語が用いられます。

衆道とはなんでしょうか？　この用語自体は江戸時代のものですが、ここまででも「念者」と「若衆」という言葉は出てきていました。これは念者が「目上や年長者の攻める側のこと」で、ゲ

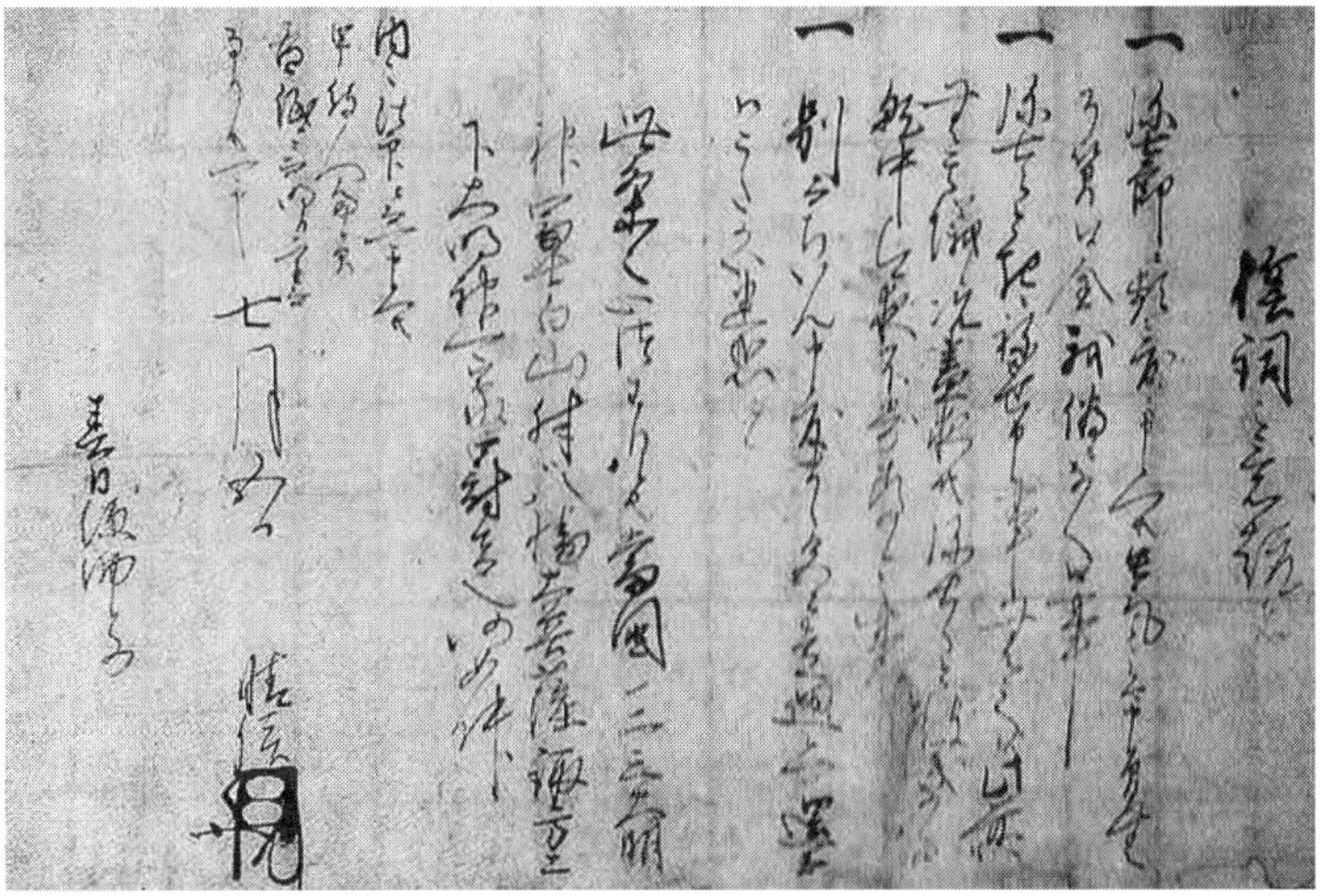

『年次不明七月五日付武田信玄起請文』（東京大学史料編纂所蔵）

イ用語（男性同性愛者の間で流通する用語）で言う「タチ」のことです。それに対して若衆は「目下や年少者の攻められる側のこと」ですから、ゲイ用語で言うところの「ウケ、ネコ」のことになります。

そして、この念者と若衆が一度契りを結ぶと、強固な結び付きが生まれます。これが、男色（衆道）関係を結ぶと「命懸けで殿様を守る！」という論理となるわけで、足利義教の暗殺に際して命懸けで戦う人たちが出てくるのも、そういうことです。

これは有名ですのでご存じの方も多いと思いますが、甲斐《かい》（山梨県）の戦国大名武田《たけだ》信玄《しんげん》が春日源助（高坂弾正と言われています）に送った恥ずかしい手紙が、東京大学史料編纂所《へんさんじょ》に残されています。

一、弥七郎ニ頻々度々申候へ共、虫気之由候間、無了簡候。全我偽ニなく候事

一、弥七郎とき〔伽〕ニね〔寝〕させ申候事無之候、此前ニも無其儀候、況昼夜共弥七郎と彼儀なく候、就中《なかんずく》今夜不寄存候之事

一、別而《べっして》ちいん〔知音〕申度まゝ、色々走廻候へハ、還而御うたかい迷惑ニ候

訳せば、「弥七郎には度々言い寄ったんだけども、体調悪いからと断られたんで、何もしてないんだよ、嘘なんかついてません！　だから、弥七郎とヤったことなんてないんだ！　この前も、昼も夜も、当然今夜も！　疑いを晴らしたいんだけど、こっちもいろいろ忙しくて釈明できずに余計に疑わせてしまったようで、なんとも迷惑な話です」というような意味になりますが、「知音」とは恋人のことを指します。要するに、殿様の信玄が家臣の源助に、浮気をしていない証明のために、あの手この手を使ってでも誤解を解こうと言い訳をしているのです。信玄の手紙には、この後に「もし嘘だったら神仏の罰を受けます！」と続きますが、男の「神仏に誓って！」という言葉ほど、信用ならないものはないのですけども、経験上……。

それは良いとして、ではなぜこのような言い訳じみたことを殿様がしないといけないのか？　と言えば、これまでの男色は複数の男と関係を持っても問題がなかったのが、衆道となると、「一対一の関係でないと許されない」となるからです。

ですから、信玄が源助に言い訳をしているのは、「殿様と家臣」と捉えるとわからなくなるので

郵便はがき

料金受取人払郵便

牛込局承認

9410

差出有効期間
2021年10月
31日まで
切手はいりません

162-8790

東京都新宿区矢来町114番地
神楽坂高橋ビル5F

株式会社ビジネス社

愛読者係行

ご住所 〒 TEL: (　　) FAX: (　　)		
フリガナ お名前	年齢	性別 男・女
ご職業	メールアドレスまたはFAX メールまたはFAXによる新刊案内をご希望の方は、ご記入下さい。	
お買い上げ日・書店名 年　月　日	市区 町村	書店

ご購読ありがとうございました。今後の出版企画の参考に致したいと存じますので、ぜひご意見をお聞かせください。

書籍名

お買い求めの動機

1　書店で見て　　2　新聞広告（紙名　　　　　　　　　　　　）

3　書評・新刊紹介（掲載紙名　　　　　　　　　　　　　　　）

4　知人・同僚のすすめ　　5　上司・先生のすすめ　　6　その他

本書の装幀（カバー），デザインなどに関するご感想

1　洒落ていた　　2　めだっていた　　3　タイトルがよい

4　まあまあ　　5　よくない　　6　その他（　　　　　　　　　　　　　）

本書の定価についてご意見をお聞かせください

1　高い　　2　安い　　3　手ごろ　　4　その他（　　　　　　　　　　　　）

本書についてご意見をお聞かせください

どんな出版をご希望ですか（著者、テーマなど）

すが、「念者と若衆」と捉えると、当然のこととなりますし、だからこそ「若衆は念者のために命を懸けてでも戦う！」となるのです。

そして、だからこそ利家は、念者の信長のために、どんな立場になろうとも戦ったと言えるでしょう。

信長が足利義教の奉公衆と同様に、信長親衛隊として組織したのが「馬廻衆《うままわりしゅう》」です。さらに信長は、母衣《ほろ》と呼ばれる背中に着ける武具を目立つように着けたことから「母衣衆」と呼ばれる組織を作り、母衣の色を黒と赤に分けて、それぞれ黒母衣衆、赤母衣衆と名付けます。

そして利家は、このうちの赤母衣衆に選ばれています。ですから利家は、再度言いますが、愛する信長のために命を捨ててでも戦ったとなるのです。

本能寺《ほんのうじ》の変の浄愛

信長には多くの小姓がいました。しかし、たとえ小姓であったとしても、信長が誰でも彼でも男色をしていたというわけではないのは、森蘭丸を見てもわかっていただいたことだと思います。

では、信長と男色関係にあった前田利家と違い、男色関係のなかった森蘭丸などの小姓たちは、信長への愛はなかったのでしょうか？

そんなことはあり得ないでしょう。それは一五八二年の明智光秀《あけちみつひで》による謀叛、いわゆる本能寺の変を見ればわかります。

このときの光秀の目標は、信長の首を手に入れることです。なぜならば、信長の首があることで、「信長は確実に討たれたのだ！」と言えるからであって、もし首がなければ、「信長様は実は逃げ延びて生きておられる！」と、敵に言われかねないのです。

『信長公記』によると、信長は弓で戦い、弦が切れると槍《やり》で応戦しますが、肘《ひじ》に傷を受けて退き、女性たちを脱出させた後に、寺に火を放って自刃して果てました。そして、信長の首が光秀の手に渡ることはありませんでした。それはなぜでしょうか？

信長が火を放って自刃し、そして信長の首を光秀に渡す時間を与えないように、森蘭丸以下の小姓たちが身を挺《てい》して奮戦したからです（第六章扉の絵）。

まさにこれは、南方熊楠の言葉として幾度も紹介している「浄愛」でしょう。そして衆道は、華道や茶道などと同様に「道」となっているのです。だからこそ衆道においては、決して肉体関係（不浄愛）を結ぶことだけが重要なのではなく、精神的な（プラトニックな）結び付きが重視されるようになっていると言えるでしょう。

この信長と蘭丸をはじめとした小姓たちとの浄愛によって見事に信長の首が光秀に渡ることを阻止したことが、光秀を「三日天下」に終わらせ、羽柴秀吉《はしばひでよし》の天下統一につながることとなりました。

秀吉の耳打ちと不破万作《ふわばんさく》に見る衆道の世界

信長が「室町幕府六代将軍足利義教を模倣した人である」と言われたのが、すでに紹介した明石散人先生の『二人の天魔王』でした。

そんな信長が唯一義教に勝っていたとすれば、信長は「自らの意思を引き継ぐ後継者に恵まれていた」ということでしょう。その後継者こそが、羽柴秀吉(後に氏を賜って、豊臣秀吉)でした。

この秀吉に関しては、男色エピソードはありません。一五九〇年の小田原攻めのときも、本来ならば女性を連れてくることはない戦場に、側室の淀殿《よどどの》などを呼び寄せたことは有名ですが、これも秀吉に男色の嗜《たしな》みがなかった証拠でしょう。

しかし、そんな秀吉も、「御物」としての美少年の小姓は置いています。『老人雑話《ろうじんざつわ》』には、秀吉のこんなエピソードがあります。

> 羽柴〈池田〉長吉は太閤《たいこう》〈秀吉〉の小姓、比類無き美少年也。太閤、或時《あるとき》、人なき所にて近く召す。日頃男色を好み給はぬに故に、人皆奇特の思ひをなす。太閤問ひ給ふは、「汝《なんし》が姉か妹ありや」と。長吉顔色好き故也
>
> (須永朝彦『美少年日本史』)

不破万作(1578〜1595)

訳せば、「池田長吉は秀吉の小姓で、比べる物もないほどの美少年でした。秀吉はあるとき、人目のないところで長吉を近くに来させて、何やら耳打ちします。周囲は『日頃は男色など嗜《たしな》みのない秀吉様なのに……』と不思議がっていたのですが、秀吉が長吉に聞いたのは、『お前に姉か妹はいる?』ということだった。それは結局、長吉が美少年だったからです」ということで、このエピソードでもわかるように、秀吉はどこまでも女好きだったようです。

この秀吉の養子になって関白となったのが豊臣秀次《とよとみひでつぐ》です。その秀次の小姓が、「戦国三大美少年」の一人として有名な不破万《ふわまん》作《さく》さんは、彼から名前を取っています。

『東国太平記』には万作について「生年十七歳、其比《そのころ》日本に隠れなき美少人」とありますから、絶世の美少年なので、多くの男たちがストーカーするほどのアイドル的存在でした。しかし、『犬つれづれ』には「関白殿つねならず愛し給ふ」とありますから、秀次の寵愛も半端なかったので、誰も手を出すことができないわけです。

そこで、万作が策を練って、男たちの夢を叶えてあげる、つまりヤってあげるのです。『犬つれづれ』には「万作の乗った輿《こし》と相手の輿とをくっ付けて、そこで会ってヤってあげた」というようなエピソードがありますし、『新著聞集』には「狩りの最中に『お腹痛い!』と秀次を騙《だま》して、その隙《すき》に男と会ってヤってあげた」といったようなエピソードがあります。

そんな万作は、最終的には一五九五年の秀次切腹事件の折りに、わずか一七歳で秀次と運命を共にしました。

そんな悲劇の美少年の万作は、なぜか歌舞伎の世界では、もう一人の戦国三大美少年の名古屋山《さん》三郎《さぶろう》が美少年なのに対して、悪役にされています。これも結局は、万作が相手の願いを叶えてあげることが美談なのではなく、「若衆の万作による、念者の秀次に対する裏切り」だと世間からは捉えられていたからだと言えるでしょう。衆道の世界では、あくまでも一対一の関係でないと許されないのですから。

徳川家康が男色を必要とした理由

徳川家康は、言わずと知れた最終的な天下人ですが、そんな家康は、主従が強固な絆《きずな》で結ばれた三河《みかわ》武士団を抱えていましたから、基本的には男色を必要としていませんでした。

そんな三河武士団を抱える家康の男色について書いてあるのが『甲陽軍鑑《こうようぐんかん》』です。

井伊直政（1561〜1602）

井伊《いい》万千代と云《い》ふは遠州先方衆侍の子なるが、万千代、近年家康の御座を直す

井伊万千代とは、徳川四天王の一人で、徳川幕府の譜代大名筆頭として多くの大老を輩出した彦根《ひこね》藩（滋賀県）初代藩主井伊直政《なおまさ》のことです。そして「御座を直す」とは、すでに説明した通り、「ヤっちゃった」という意味ですから、家康と直政は男色関係にありました。では、基本的には男色を必要としない家康が、なぜ井伊直政とは男色をしているのでしょうか？

井伊直政は一五六一年、今川家の家臣の井伊直親《なおちか》の嫡男として生まれましたが、直親は翌年、桶狭間で討たれた今川義元の跡を継いでいた今川氏真《うじざね》に殺害されます。このときに井伊家の当主となったとされるのが、二〇一七年の大河ドラマ『おんな城主 直虎《なおとら》』の井伊直虎です。その後紆余《うよ》曲折《きょくせつ》がありながら、直政一五歳のときに家康に小姓として仕え、「万千代」と名乗るようになります。

このように直政の井伊家は、生粋な徳川譜代の家臣ではなく、今川家から徳川家に主家を替えた外様《とざま》だったわけです。つまり、直政が生粋な徳川譜代の家臣ではなかったからこそ、家康も直政との男色を必要としたとなるのです。

そんな外様の直政が、家康との男色によって主従の絆を深め、さらにマンツーマンの英才教育を受けたことによって、家康親衛隊として本領発揮したのが、直政の初陣となった一五七六年の武田《たけだ》勝頼《かつより》との遠州芝原の合戦のときです。

『井伊年譜』や『井伊家伝記』によると、このとき、家康が休息していると、夜中に敵の間諜《かんちょう》を直政が見付け、それを討ち取ったとあります。つまり、家康の命を救ったわけです。これによって直政は、一気に三〇〇〇石から三〇〇〇〇石に大幅加増されました。

さらに関ヶ原の戦いでは、東軍勝利が確定した後に、戦場に取り残された島津軍があえて家康本陣に正面突破して退却するという、いわゆる「島津の退《の》き口《ぐち》」において、直政は島津軍から銃撃を受けています。『徳川実記』によると、家康は、その直政の受けた鉄砲傷に対して、白ら直政に薬を塗ってあげたそうです。しかもこのとき、息子の松平忠吉《ただよし》も負傷していたのですが、家康は忠吉には薬を塗ってはいません。

このエピソードだけでも家康と直政の関係が知れるのですが、直政が島津軍からの銃撃を受けるということは、直政が一軍の将でありながら、敵軍間近で戦っていたということです。関ヶ原の後、石田三成《いしだみつなり》の旧領の佐和山《さわやま》は直政に与えられましたが、このことからも、家康がいかに直政を信頼していたかが、わかります。その二年後の一六〇二年、直政は関ヶ原の古傷が要因となって亡くなりました。

まさにこうしたことがあってこそ、本来は外様だった直政が「徳川四天王」と呼ばれるのであり、それは家康の男色による寵愛のみでは決してありません。そして井伊家が、徳川の譜代の中でも突出して石高が高く、幕府大老を多く輩出するまでなる素地は、直政による「命懸けの家康への愛」からだったと言えるでしょう。

関ヶ原の戦いは浄愛の戦い

秀吉の死後、豊臣政権の五大老筆頭で二五六万石の徳川家康と対立したのが、豊臣政権の五奉行で近江佐和山（滋賀県）一九万石の石田三成です。

三成のエピソードで有名なのが、秀吉との出会いのときに、温度の違う三杯のお茶を出して秀吉を感心させたという「三献茶」で、『武将感状記』に書いてあります。

これによって秀吉に仕えるようになった三成は、一般的には文官官僚のイメージがあります。しかし『一柳家記《ひとつやなぎかき》』によると、秀吉が柴田勝家を破った賤ヶ岳《しずがたけ》の戦いでは、三成や大谷吉継《おおたによしつぐ》が先鋒《せんぽう》を務めました。だからこの戦いでの一番手柄は、有名な加藤清正や福島正則などの賤ヶ岳の七本槍ではなく、当然ながら三成と吉継に与えられています。

秀吉の出自については諸説ありますが、いずれにしても低い身分から出世したことだけは間違い

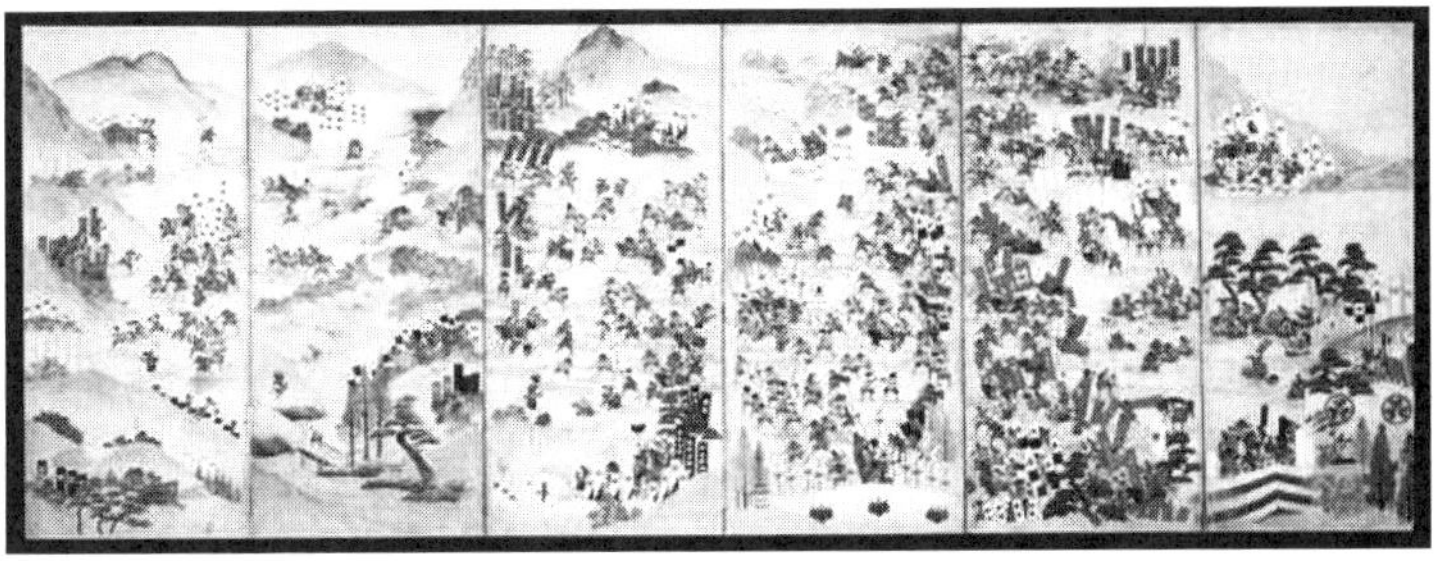

『関ヶ原合戦図屏風』（行田市郷土博物館蔵）

ありませんから、秀吉には先祖代々の家臣などいるわけがありません。だからこそ、尾張時代には清正や正則を登用し、秀吉が長浜城主時代には三成や吉継を登用したわけで、彼らが優秀で実力がないはずがないのです。

そして、秀吉が肉体的な男色（不浄愛）を必要としないのは、こうした経緯があるからです。もちろん、秀吉が庶民出身であることも、男色の嗜みがなかった理由としてはあるとは思いますが。ただし、彼ら「秀吉子飼いの家臣たち」は、秀吉に対する浄愛は間違いなく感じていたはずです。

そして浄愛と言えば、三成と吉継には、「当時の茶道には回し飲みという作法がありました。大坂城での茶会で秀吉が直々に点《た》てたお茶に、ハンセン病を患《わずら》っていた吉継の顔の膿《うみ》（鼻水とも）が落ち、周囲が敬遠する中を、三成だけがすべて飲み干し、これを見た吉継が、『オレの命を三成に捧《ささ》げよう！』と誓った」という有名なエピソードがあります。しかしこのエピソードに関しては、出典元さえわからないくらいですので、真偽のほどははっきりしません。ただし『武功雑記』にはこのような記事もあります。

石田治部少輔《じぶしょうゆう》を度々大谷刑部《ぎょうぶ》少輔しかり、又は頭をはり候。石田大谷に恋慕して、知音になり候。それより頭をはらるゝも、忝《かたじけ》なしと云やうにもてなし候由

訳せば「吉継は、三成をたびたび叱《しか》り、頭を叩《たた》いた。三成は吉継に恋をして愛人になっていたので、頭を叩かれても『ありがとう！』と言っていた」となります。これが事実なら、三成にはMっ気があったのかも……。みなもと太郎先生に『風雲児たち』（ワイド版全二〇巻、リイド社、二〇〇二年〜二〇〇四年）という歴史ギャグマンガがありますが、その中に三成を吉継がハリセンでたびたび叩くシーンがあります。おそらくみなもと先生は、このエピソードから採用されたのでしょう。

それはともかく、秀吉の死後に三成は関ヶ原の戦いで家康と対決しますが、その三成と対立して家康に味方した清正や正則なども、秀吉への浄愛はあったはずです。当然、三成や吉継にも秀吉への浄愛があったはずです。つまり、関ヶ原の戦いも「秀吉に対する浄愛の戦いであった」と言えます。

そして、その関ヶ原を東西両軍互角どころか、むしろ開戦前には西軍有利にしたのは、吉継の功績が大とも言われています。

関ヶ原においては、毛利の日和見《ひよりみ》、小早川秀秋《こばやかわひであき》の裏切りという誤算があり、結局東軍の勝利に終わりましたが、三成が家康に互角以上の戦いができた裏には、三成と吉継の浄愛があったと言って良いでしょう。

独立と男色を守った戦国日本

一五四九年のザビエル来日のカトリック伝来によって、その後も多くの宣教師が来日しています。その一人に、ザビエル来日の一四年後の一五六三年に来日し、信長や秀吉にも謁見したイエズス会宣教師ルイス・フロイスがいました。

そんな彼も、『日本史』の中でこのように書いています。

僧侶どもが体面を保つためにおいている〈と申しておる〉若衆との交りは、きわめて重い、忌まわしい罪であります

（柳谷武夫訳『日本史4　キリシタン伝来のころ』平凡社、一九七〇年）

これは、フロイスが信長に初めて謁見した二年後の一五七一年の記事ですが、ザビエル来日から二〇年以上経っても、宣教師たちの意識が変わることなど、当然ながらあり得ないことでした。

さらに、一五七九年に来日したイタリア人イエズス会巡察師のアレッサンドロ・ヴァリニャーノの『日本巡察記』にはこうあります。

彼等に見受けられる第一の悪は色欲上の罪に耽《ふけ》ることであり、これは異教徒には常に見出されるものである。………最悪の罪悪は、この色欲の中で最も堕落したものであって、これを口にするに堪えない。彼等はそれを重大なことと考えていないから、若衆達も、関係のある相手もこれを誇りとし、公然と口にし、隠蔽《いんぺい》しようとはしない。それは、仏僧が説く教義はこれを罪悪としないばかりでなく、極めて自然で有徳の行為として、僧侶自らがこの風習を有するからである

（榎一雄監修　松田毅一・佐久間正編訳『東西交渉旅行記全集　日本巡察記』桃源社、一九六五年）

ここまでは、ザビエルともフロイスとも同じです。しかし、ヴァリニャーノは「日本に聖福音の光が輝き始めてからは、多くの人々は、その闇《やみ》が如何《いか》に暗いものであるかを理解し始めており」と言っていますから、カトリックに改宗した日本人は男色をやめたことがわかります。

豊臣秀吉の軍師として知られる黒田官兵衛《くろだかんべえ》は、『陰徳太平記』には、関ケ原で東軍に内応した吉川広家と「断袖余桃」の関係だったとあります。断袖余桃に関しては、既に触れた通りチャイナの

故事に由来し、男色関係にあったことを表します。しかし、官兵衛は一五八五年にカトリックに改宗していますから、広家との男色があったとすれば、それ以前であろうということが推察できるのです。

しかし、カトリック教国による「イエズス会宣教師を使った日本征服計画」が明らかにされる時が来ます。

一五九六年、スペインのサン・フェリペ号が土佐（高知県）に漂着したとき、スペインはどのような手段でフィリピンやメキシコなどを侵略したのかと尋問された乗組員は「もし我々をよく受け容れれば味方になるし、もし悪い取り扱いをするならば領土を奪う」と答えます。そこで「そのためにはまず宣教師が来なければならないであろう」と問われると「そうである」と答えたのです（佐久間正『南蛮人のみた日本』主婦の友社、一九七八年）。

これがきっかけになり、長崎における「日本二十六聖人」と呼ばれる人たちの殉教が起こるのです。殉教自体は確かに悲劇ですが、日本人として「木を見て森を見ず」ではなく、こうした経緯があったことだけは決して忘れてはいけません。秀吉は日本を侵略しようとしたスパイを処刑したのです。

そして、この秀吉による対外政策及び対キリシタン政策は、徳川家康に引き継がれ、江戸幕府は、布教は求めず交易だけを求めたイングランド（イギリス）・オランダのプロテスタント国との関係を深め、キリシタンを弾圧しました。その集大成が、いわゆる「鎖国」という武装中立となりますが、それができたのは、当時の日本が世界最強の陸軍国だったからにほかなりません（倉山満『並べて学べば面白すぎる　世界史と日本史』ＫＡＤＯＫＡＷＡ、二〇一八年）。

その経緯については本書の目的ではないので省きますが、「日本が戦国時代だったことによって独立を守ることができ、結果的に男色文化も守られた」ということだけは断言できます。

関ヶ原の戦いの勝利によって徳川家康は一六〇三年、江戸幕府を開幕しますが、男色文化はいよいよ最高潮に華《はな》開くこととなります。

第七章

江戸時代の男色

――なぜ幕府や藩は衆道《しゅどう》を禁止したのか？

鈴木春信『風流艶色真似ゑもん《ふうりゅうえんしょくまねゑもん》』（国際日本文化研究センター蔵）

小早川秀秋は男色ストーカー

小早川秀秋と言えば、関ヶ原の戦いにおいて東軍勝利に貢献した人物と言うと聞こえは良いのですが、簡単に言えば優柔不断の裏切り者です。そんな秀秋は関ヶ原後の一六〇二年、京都でとある美少年に恋をし、ストーカー行為を働きます。

その秀秋からのストーカー被害者が、伊達政宗《だてまさむね》の家臣の片倉小十郎重綱《かたくらこじゅうろうしげつな》（重長《しげなが》）でした。一九八七年の大河ドラマ『独眼竜政宗』では景綱《かげつな》を西郷輝彦さんが演じられましたが、重綱はその息子で、高嶋政宏さんが演じられました。

『片倉代々記』によると、「京都におゐて金吾中納言殿〈秀秋〉重綱容色の実なるを御覧せられ、御恋慕あり」とあり、はっきりと「美少年の重綱に秀秋が恋をした」と書かれています。そこで、秀秋は重綱に猛アタックをかけるのですが、重綱は東福寺に逃げます。そこに、政宗からの手紙が来ます。

たとへせんまんの存分候とも、唯一夕の事ニ候間、身のいけんしたひに仕候へく候、色々身の心中かたらひ候ましく候、そこから申事是非々々今夕京へ参り候へく候

（白石市史編さん委員編『白石市史4　史料篇（上）』白石市、一九七一年）

訳せば、「たとえ千にも万にも嫌だと思っても、どうせ一晩のことでしょ？　オレの言うことに従ってくれよ、是非とも今日にも京都に行ってね」です。その上で、「主命だったら親の首さえ斬《き》るくらい重いって言うでしょ？」と政宗、重綱を脅しています。

その後、重綱が政宗の命令を守って秀秋とヤったのかまでは、わかりません。肝心の秀秋自体が、この年に亡くなっていますし。しかし、政宗が重綱に手紙を送ったのは、恐らくは秀秋からの依頼があってのことだと思いますが、そもそも政宗が秀秋に家臣を売ってまで果たさないといけない義理でもあったのか、甚だ疑問ではあります。

そんな重綱ですが、実は政宗にも愛されていました。一六一四年の大坂冬の陣のとき、重綱は伊達軍の先鋒《せんぽう》を申し出ますが、そのときに政宗が取った行動が、やはり『片倉代々記』、『老翁聞書』にあります。

公〈政宗〉、則御座へ着せられ、重綱手を御引寄頬《ほお》へ御口を被為附、其方に御先鋒不被仰付候て、誰に可被仰付哉と御意ありて御感涙被遊しなり

頬へ御喰付成され

（前掲、白石市史編さん委員編『白石市史4　史料篇（上）』）

（前掲、武光誠監修『日本男色物語』）

つまり、政宗は人前で重綱の頬にキスしているのです、そして、涙ながらに重綱の先鋒を了承しています。

伊達政宗にも恥ずかしすぎる手紙

政宗の男色に関しては、戦国時代の項で取り上げた武田信玄並みの恥ずかしい手紙が仙台市博物館に遺《のこ》されています。

政宗が五〇歳頃ですから、家康が亡くなってからそれほど年月の経たない頃のことです。小姓の只野作十郎の浮気を疑って、酒の席でなじってしまいます。しかし疑われた作十郎は、自分の腕を刀で突いて、その血で身の潔白を証明する起請文《きしょうもん》を政宗に送ります。政宗の手紙は、この起請文を読んで恥じたことで自らも血判して謝罪したものです。

まずは、「酒の上でのことだったので、全く覚えていません。」と始まり、「とある乞食坊主が『作十郎が浮気している』と密告してきたので、『あり得ない』と思いながらも、少しお前をいじめてやろうと思ったのだ」と続きます。

我等ゐあはせ候《そうら》はゞ、御わきざしにもすがり申すべき物を、是非に及ばず候。せめて我等もゆびをきり申し候事か、さらずばもゝかうでをもつき候て、此御れいは申し候はでかなはぬ事に候へ共、はやまごゝをもち申し候としばへに御ざ候へば、人ぐちめいわく、ぎやうずいなどのとき、こしやう共にもみられ申し候へば、とし比《ごろ》にあはぬ事を仕候といわれ申し候へば、子どもまでのきづと存じ候て、心ばかりにてうちくらし申し候

（佐藤憲一『伊達政宗の手紙』新潮社、一九九五年）

伊達政宗（1567〜1636）

政宗の弁明は、「もし私がその場に居合わせていたら、貴方の脇差にしがみついてでも止めたのに、仕方ないことです。せめて、私も指を切ったり股《もも》か腕を切ってでもお詫《わ》びしたいんですが、噂《うわさ》になっても困るし、行水のときに小姓に見られでもしたら、『政宗様、あの歳でまだヤってんの、クスクス……』と陰口叩《たた》かれたりして、子孫にまで迷惑掛かっちゃうので、控えています」と続くのですが、さて、ここで政宗がお詫《わ》びの印として指や股や腕を切ることを小姓に見られることで躊躇《ためら》っているのは、政宗の言い訳なのでしょうか？

それはあり得ないでしょう。政宗自身、若いときから戦場で全身

に傷を付けているわけですから、傷を付けるのを恐れているということはまずないでしょう、ですから「小姓に見られたら子孫にまで迷惑掛ける」というのは、嘘偽りはないと思われます。ではこの政宗の言っている、お詫びの印として指や股や腕を切る行為は、何を表しているのでしょうか?

井原西鶴の『男色大鑑』巻二「雪中の時鳥《ほととぎす》」にはこうあります。

藤内はあやまって、いろいろ話し、「この上は何の二心があってたまるか」と左右の小指を喰《く》い切り、二人に渡し、情けと情けをひとつに合わせる。また珍しい衆道の取りむすびであることよ

要は、藤内は自分に二心がない証明のために左右の小指を喰いちぎって愛の誓いをしているわけです。

さらに男色の愛の誓いの証明としては、藤本《ふじもと》箕山《きざん》の『色道大鑑《しきどうおおかがみ》』には、刺青《いれずみ》や指切りや爪放《つめはな》しといった行為の他に、「貫肉《かんにく》」と言って腕や股などを傷付けることも含まれています。どれも現代人には理解しがたいかも知れませんが、今でも愛の証として恋人同士がタトゥーを入れるということもありますので、それと同じ心理だと思えばわかりやすいかも知れません（柴山肇『江戸男色考若衆篇』批評社、一九九三年）。

つまり、政宗の言っている行為とはこの貫肉のことであり、衆道関係を結んだ者として、二心がない証であるということなのです。

殉死の強要と殉死禁止令

貫肉・刺青・指切り・爪放しなどが衆道関係を結んだ者の二心がないことの証《あかし》であるとすれば、その最上級は何でしょうか？

それは当然ながら死です。「この人のために死のう、この人のためなら死ねる！」、この論理こそが、今までの男色関係を結んだ多くの人たちの共通項です。男色で結ばれた親衛隊は強力になるのです。

江戸時代、世の中はパクス・トクガワーナ（徳川の平和）と呼ばれる泰平の世となりました。ところが、それに反比例して男色文化は最高潮に達しているのですから、武士たちのエネルギーは戦場に求められない以上、その他に向けられることになります。それこそが、主君が亡くなると後追い自殺する殉死となるわけです。

殉死は、一六〇七年の家康の四男の松平忠吉《ただよし》が亡くなったことから始まったとされます。

殉死をする理由とすれば、やはり多いのは、主君との衆道関係にあったということになるのですが、他には仕事で落ち度があったけど殿様に許されたとか、病気で十分御奉公できなかったという理由もあり、終《しま》いには、絶対に主君にお声など掛けて貰《もら》える身分ではないのに、お褒めの言葉を掛けていただいたなどという理由から殉死する武士まで現れるので、こうなると収拾が付かなくなるわけです。

そうしたことから、外様でありながら家康の絶大な信頼のあった伊勢津藩初代藩主藤堂高虎《とうどうたかとら》は、家臣を集めて「わしが死んだときに殉死したい者はこっそりとこの箱に書いて入れるように！」と命じ、七〇人以上の殉死希望者の集まったリストを家康に提出した上で、家康に「これだけ有能な者を大量に失うのは将軍家のためにもならないので、殉死禁止をお命じください！」と依頼したというエピソードが『武将感状記』にあるほどです。

しかし、その後も幕府や他藩では殉死は止まりません。なぜかと言うと、それは「我が藩ではこれだけ殉死者が出た＝我が藩にはこれだけ忠臣が多いのだ！」というアピール合戦に使われたのです。例えば、薩摩藩（鹿児島県）の島津義弘《しまづよしひろ》（一六一九年没）のときは一三人、仙台藩（宮城県）の伊達政宗（一六三六年没）のときは二〇人、熊本藩の細川忠利《ただとし》（一六四一年没）のときは一九人といった具合でした。

そのような中でも、殉死者の数が半端ないのが佐賀藩です。藩祖である鍋島直茂《なべしまなおしげ》（一六一八年没）で一二人、初代藩主鍋島勝茂《かつしげ》の嫡男で早死にした鍋島忠直《ただなお》（一六三五年没）で五人、そして勝茂（一六五七年没）でなんと二六人で、これはさすがに死にすぎです。こうなるということは、藩としては深刻な人材不足に陥りますし、周囲からのプレッシャーによる殉死の強要も起こるわけです。これに危機感を持ったのが二代藩主鍋島光茂《みつしげ》で、父忠直が亡くなったときに、高野山に籠《こも》ったことで周囲から逃げたと陰口叩かれながら、一周忌に忠直の坐像《ざぞう》を持参して殉死した江副金兵衛という男の存在と、一六六一年に光茂の叔父の鍋島直弘が亡くなったときに、直弘に殉じたい家臣が三六人もいたということによって、ついに光茂は全国に先駆けて殉死禁止令（追腹御停止）を出しました。

それに対して幕府はと言うと、当時の幕府において三代将軍徳川家光の死後、跡を継いだ四代将軍徳川家綱《いえつな》の後見人（大政参与《たいせいさんよ》）として補佐したのが、家光の異母弟の保科正之《ほしなまさゆき》でした。

実は、その正之の治める会津藩（福島県）、さらに水戸黄門こと徳川光圀《みつくに》の水戸藩（茨城県）においては、佐賀藩と同年の一六六一年には殉死禁止令を出していましたが、それに遅れること二年後の一六六三年、口頭ながら、幕府も殉死を禁止することになりました。

徳川綱吉《つなよし》の美少年ハーレム部屋

徳川将軍にも男色エピソードは数多くありますが、二代将軍徳川秀忠《ひでただ》は、関ヶ原で西軍に与《くみ》して改易された大名の一人の丹羽長重《にわながしげ》と衆道関係があったと『徳川実記』に書いてあります。新井白石《あらいはくせき》の『藩翰譜《はんかんふ》』には「長重罪を免されし事、……昔大相国家（秀忠）の未だ童形にて渡らせ給ふまじき由を固く誓ひ給ひし事ありき」とありますから、秀忠が若い頃の長重との誓いを守って大名復帰

徳川綱吉(1646〜1709)

をさせているということで、律儀なイメージ通りです。

その秀忠の嫡男の三代将軍徳川家光は、男色エピソードが多彩で、家光の病気回復を祝って小姓たちが風流踊りを舞っていると抱きついて頬擦《ほおず》りしたとか、衆道関係にあった小姓が他の小姓とイチャついていたので斬《き》り殺したとか、寵愛《ちょうあい》する家臣のもとにお忍びで通っていたことを重臣に怒られたりもしています。しかし、異母弟の保科正之は『徳川実記』によると、家光のお忍びで存在を知ったとも言われますし、落語の『目黒のさんま』のモデルも確証はできないものの、家光とも言われていますから、そんな家光のお忍び癖のおかげで正之が見付かったり名作落語が生まれたのならば、お忍びも悪いことばかりでもないのですが……。

ちなみに、家光に殉じた男たちも多くいましたし、家光の墓守を亡くなる四七年間にわたって続けた男の話もあります。

殉死を幕府として禁止した四代将軍家綱を継いだのが、弟の五代将軍徳川綱吉《つなよし》です。この綱吉もやはり男色家で、『三王外記《さんのうがいき》』には「王〈綱吉〉ハ男色ヲ好ミ」とあり、続いて一九人の寵愛された男たちが書かれています。また「王八年少ヲ好ミ」、小姓が数十人、綱吉の寝室に侍《はべ》っていた者だけで二〇人以上いたとか〈須永朝彦『美少年日本史』〉。

さらに、『御当代記《ごとうだいき》』には菊の間ならぬ「桐《きり》の間」という綱吉のための美少年ハーレム部屋があり、女性と交わった小姓が処罰されたとあります。

ちなみに、TBSドラマ『水戸黄門』（一九六九年〜）で悪役の柳沢吉保《やなぎさわよしやす》は、綱吉が将軍になる前から仕えて、綱吉の将軍就任後は側用人にまで出世しますが、意外と『三王外記』の綱吉の寵愛された男たちのリストには入っていません。

家康死後の幕府は老中《ろうじゅう》たちの合議制でしたが、綱吉のときに将軍と老中の間に側用人を置いて拒否権を持てるようにしました。その側用人なのが吉保だったわけですから、それまで自分たちが政治を動かしていた老中からすれば、吉保は自然と恨まれる対象だったわけで、裏を返せば、吉保は男色で出世したのではなく、真の実力を持った政治家だったと言えるでしょう。

四代家綱の治世は武断政治から文治政治への転換期ですが、口頭命令だった殉死の禁止を武家諸法度《ぶけしょはっと》に明文化したのが、綱吉の治世の一六八三年のことでした。綱吉の悪政の代表と言われるのが生類憐《しょうるいあわ》れみの令ですが、これも戦国の気風を遺していた世の中を泰平な世の中にするための一環だったと捉えるべきでしょう（大石慎三郎『将軍と側用人の政治』講談社現代新書、一九九五年）。

殉死の禁止で生まれた『葉隠《はがくれ》』と『奥の細道』

殉死は禁止されましたが、泰平の世となったことで、衆道によって幕府や藩が困ることはさらにありました。

それは衆道関係を結ぶということは、忠義を果たす対象は幕府や藩ではないとなることです。なぜなら、衆道とは既に述べた通り一対一の関係であり、彼らの忠義の対象は、あくまでも念者と若衆になるからです。

江戸時代は、殉死のほかにもさまざまな御家騒動や仇討《あだう》ちが起こりますが、それらの多くは衆道関係のもつれで起こっています。そこで、幕府や長州藩（山口県）や米沢藩（山形県）や姫路藩（兵庫県）などでは、衆道自体を禁止する法令を出します。ただし、それはこのような騒動が多発したからであり、幕府や藩への忠義を求めるからだったわけで、決して当時の日本人に偏見があったわけではありません。そして当然、男色行為までを禁止したわけではなかったことには注意が必要です。

現代に例えてみましょう。家族を顧みない愛社精神だけの人も困り者だと思いますが、かと言って、会社のことは一切考えずにパートナーのことだけを考える人も困り者だと思います。それこそ、パートナーに「ずっと私（オレ）のために会社を休んで！」と言われたり、「私（オレ）と会社、どっちが大事？」と言われて、パートナーの言うことだけに従う人ばかりだと、会社組織など維持できようもないことはご理解いただけるのではないでしょうか。

さらにこの辺りの構造を、「武士道といふは、死ぬ事と見付けたり」の書き出しで有名な山本常《つね》朝《とも》の『葉隠』でご説明しましょう。

常朝は、実は殉死禁止令を出した鍋島光茂の下で児小姓となっていました。一七〇〇年、常朝が四二歳のときに光茂が亡くなると殉死を申し出ますが、すでにその光茂によって殉死禁止令が出されていますから当然却下され、常朝は致し方なく出家することになりました。そんな常朝が衆道についで触れている部分があります。

貞女両夫にまみえずと心得べし。情は一生一人のものなり。……浮気者は根に入らず、後は見はなすものなり。互に命を捨つる後見なれば、よくよく性根を見届くべきなり。……むたいに申さば腹立て、無理ならば切り捨つべし。……尤《もっと》も二道すべからず。武道を励むべし。爰《ここ》にて武士道となるなり

（神子侃編著『葉隠《はがくれ》』徳間書店、一九六四年）

訳せば、「男色であっても『貞女両夫にまみえず』の心構えが大事で、情を交わす相手は一生に一人だけです。浮気者は心からの関係にならないし、衆道関係を結べば命を捨てあう関係となるのだから、相手はよく見届けるべきです。ムリヤリ言い寄る男には怒って斬り捨てなさい。絶対に二股《ふたまた》をかけてはいけない！　その間も武道に励むべきです。そうすれば、衆道も武士道になるので

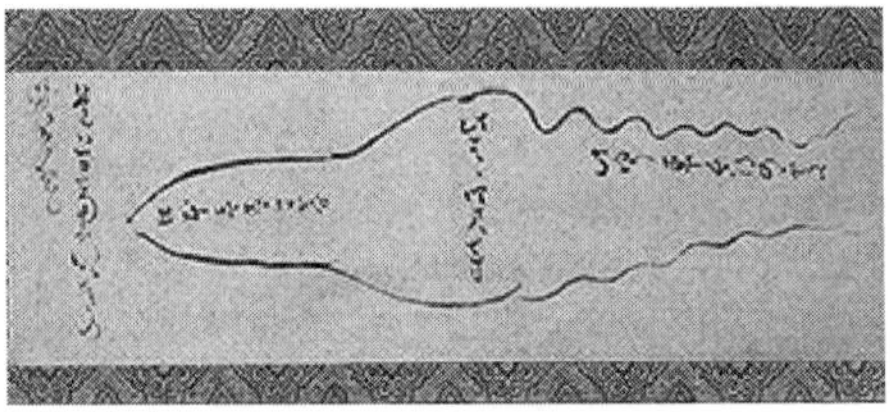

『いびきの図』（芭蕉翁記念館蔵）

松尾芭蕉（1644〜1694）

す！」となります。

要するに、二股をかけないと言うことは「二君にまみえず」、仕える主君は一人のみとなりますから、殉死の構造になるわけです。そして、幕府や藩としては「一人の主君ではなく家（幕府や藩）への忠義」を求めるから衆道や殉死を禁止することになるわけですし、『葉隠』のこの文章の根底には、そうした幕府や藩の方針への反発があるということになるのです。

そしてもう一人、殉死禁止令によって死に損ねた人がいました。『奥の細道』の松尾《まつお》芭蕉《ばしょう》です。

芭蕉は、伊勢津藩藤堂家の一族で伊賀上野城城代付の侍大将藤堂良忠《よしただ》に九歳から児小姓として仕えたと言われているのですが、この良忠が俳諧《はいかい》の世界に関心があり、その縁で俳諧を学びます。川口竹人の『芭蕉翁全伝』には「（芭蕉は）幼弱の頃より藤堂主計《かずえ》良忠蟬吟子《せんぎんし》につかへ、寵愛すこぶる他に異なり」とありますから、この二人もやはり男色関係にありました。

しかし、一六六六年に良忠が亡くなります。本来ならば、芭蕉も良忠の後を追って殉死したと思いますが、この三年前に幕府から殉死禁止令が出されていますから、芭蕉はこれを機に俳諧師として江戸に出ることになるのです。ちなみに、芭蕉は江戸から明石《あかし》（兵庫県）まで旅をし、その紀行文として『笈《おい》の小文《こぶみ》』を著しますが、この中には、旅に同行した万菊丸という男との意味深な句を遺し、終いには万菊丸のいびきの絵まで書き遺しています。

歌舞伎《かぶき》と陰間茶屋《かげまちゃや》

室町時代に庶民にまで男色文化が降りた要因となったのが、猿楽《さるがく》という芸能でした。江戸では庶民文化が花咲きます。

一六〇三年、つまり徳川家康が江戸に幕府を開いた年に京都の五条大橋のたもとで始まったのが出雲阿国《いずものおくに》の阿国歌舞伎でした。阿国歌舞伎は、女性が男装し男性が女装する形態の芝居で、さらに男女逆転させたエロ芝居だったことで、人気を博しました。

この阿国歌舞伎に便乗して始まったのが、遊女たちによる遊女歌舞伎（女歌舞伎）です。遊女歌舞伎は、遊女屋お抱えの遊女を舞台に立たせるので、男女混交の阿国歌舞伎と違って、すべて女性だけで遊女が男装しました。言わば「元祖タカラヅカ」です。

さらに、それに便乗して少年（若衆）だけの若衆歌舞伎も生まれました。こちらは当然すべて男性だけです。ただし、当初は遊女歌舞伎の方が人気は高く、若衆歌舞伎の方はそれほどでもありませんでした。

阿国歌舞伎と遊女歌舞伎の裏で行われていたのは、売春でした。遊女歌舞伎の売春は当然女性だけですが、阿国歌舞伎は男女共に売春をしていました。ちなみに、家康の次男の結城秀康《ゆうきひでやす》も阿国歌舞伎を観て「阿国は女性で天下を取ったが、オレは天下を取れなかったのは無念！」と弟の徳川秀忠が二代将軍になったのに自分がなれなかったことと掛けて嘆いています。さらに秀康が梅毒に罹《かか》って鼻が欠けていたのも阿国歌舞伎の一座から移されたという話もあります。それはともかく、こうした風紀の乱れを憂慮した幕府によって、一六二九年、阿国歌舞伎と遊女歌舞伎は禁止されました。

ここで台頭するのが若衆歌舞伎なのです。ですから、この時点までは人気は遊女歌舞伎にあったわけで、いくら男色文化が庶民に降りてきたといっても、売春相手はやはり女性の需要が多かったことになります。

しかし、ここにおいて歌舞伎は男のみの若衆歌舞伎だけになったのです。そして彼らも当然売春をしていますから、歌舞伎の舞台は、そのまま遊廓《ゆうかく》で言うところの張見世《はりみせ》の役目を果たすことになりました。そして貫肉する者や小指を舞台に投げつける者まで現れ、さらにはお寺の日用品を質に入れて没落するお坊さんまでいました。

こうして結局、若衆歌舞伎だけにしても風紀が乱れたので、幕府は一六五二年に若衆歌舞伎の禁止を通達し、同時に役者の前髪を禁止しました。なぜ前髪を禁止するのかと言うと、前髪が若さと美のシンボルであり、セックスシンボルだったからで、『男色大鑑《なんしょくおおかがみ》』にも、年老いても前髪を剃《そ》らない若衆の話があるくらいです。つまり、幕府とすれば前髪を禁止するのは、歌舞伎の売春を防止しようという意図があったということになります。

『かくれ閭《ざと》』(国立国会図書館蔵)。陰間茶屋の様子で、黒い羽織が陰間。

若衆歌舞伎を禁止するということは、すでに歌舞伎小屋を持つ興行主たちにとっては死活問題です。そこで彼らは幕府に陳情し、幕府も狂言だけを上演すること（物真似狂言尽《づ》くし）を条件に、歌舞伎の再興を許可しました。そして当然幕府はセックスシンボルとしての前髪を許しませんから、前髪を剃った役者のみが舞台に立つ野郎《やろう》歌舞伎が生まれ、これが現在の歌舞伎のルーツとなります。ちなみに、歌舞伎の女形《おやま》が頭に紫頭巾を被《かぶ》っているのは、このときの前髪を剃ったことの苦肉の策で生まれたもので、紫帽子、野郎帽子などと呼ばれました。

歌舞伎役者でも、舞台に立たなければ前髪を剃る必要はありませんでした。そして、そうした舞台に立たない役者のことを陰間《かげま》と呼び、歌舞伎小屋と連接されていたのが茶屋でした。その茶屋のことを陰間茶屋と呼び、ここにおいて芸能としての歌舞伎と売春のための陰間茶屋が徐々に分離し、独立していくようになります。

その後、陰間茶屋は江戸のみならず関西では若衆茶屋、名古屋では野郎宿などと名称を変えながら全国に拡がり、幕府の取り締まりや経済政策による浮き沈みはありながらも、田沼意次《たぬまおきつぐ》の時代には最盛期を迎え、水野忠邦《みずのただくに》の天保《てんぽう》の改革で大打撃を受けた後も、寺社の援護もあり、江戸幕府の終《しゅう》焉《えん》まで続くこととなりました。

男色賛成論と反対論

エレキテルと言えば平賀源内《ひらがげんない》ですが、彼は「日本のレオナルド・ダ・ヴィンチ」と呼んでも良いくらいの天才でした。そんな源内も、ご多分に漏れずの男色家で、『江戸男色細見《えどなんしょくさいけん》』という陰間茶屋のガイドブックまで書き遺しています。

そんな源内が一七六三年に歌舞伎役者で女形の荻野八重桐《おぎのやえぎり》の溺死《できし》事件を基に書いた男色小説が、風来山人《ふうらいさんじん》名義で出された『根南志具佐《ねなしぐさ》』です。その後編の『根無草』の中に閻魔《えんま》大王と弘法大師《こうぼうだいし》の男色談義があります。そこに出てくる弘法大師の男色評です。

雨森芳洲（1668〜1755）

徳川光圀（1628〜1701）

平賀源内（1728〜1780）

傾城《けいせい》は甘きこと蜜《みつ》のごとく、串童は淡きこと水のごとし。甘きものは味尽き淡きは無味の味《あじわい》を生ず……女は男娼の美に及ばず

（中村幸彦校注『日本古典文學大系　風來山人集』岩波書店、一九六一年）

要は、「吉原の遊女は蜜のように甘いが飽きやすく、若衆は水のように無味だが飽きが来ない、女は男娼《だんしょう》の美には及ばない」と言っているのですが、これは弘法大師の言を借りての源内自身の率直な男色評でしょう。

一七一九年に来日した朝鮮通信使の申維翰《しんゆはん》は、日本の男色を見てカルチャーショックの余り、同行していた儒学者の雨森芳洲《あめのもりほうしゅう》に「貴国の俗は奇怪きわまる」と怒りを込めて訴えますが、芳洲はその申に対して、「学士はまだその楽しみを知らざるのみ」と笑って受け流します（姜在《カンジェ》彦《オン》訳注『海游録《かいゆうろく》　朝鮮通信使の日本紀行』平凡社、一九七四年）。要するに芳洲は、「あなたはまだ男色の楽しみを知らないからでしょ？」と言っているのですが、これが当時の日本人の一般的な認識だと思って良いでしょう。

しかし、そんな賛成派の中でも、井原西鶴はやはり極論です。

女道があるために馬鹿者の種がつきない。願わくば、若道《じゃくどう》を世の契りとし、女が死に絶えたら男島と改めたい。夫婦喧嘩の声を聞かず、悋気《りんき》も治まって、静かなる御代にあうだろう

（富士正晴訳『男色大鑑』）

さすがにここまで言い切ってしまう西鶴には、私も引いてしまいます。吉田兼好と清少納言の甥《おい》のラブレターという時空を越えたぶっ飛び珍説を出す西鶴特有の極論でしょうけども。

それに対して男色反対派は、水戸黄門こと徳川光圀です。

御年貢を納るはいつとても女を御するやうにすべし、小童を御するやうにせぬものなりと打るませ給ひながら被仰ける。……女を御するは双方よろこび、男色は我は歓《よろこ》べともかれは苦痛す、公儀百姓両方よきやうにせん事肝要也と

（千葉新治編『義公叢書《ぎこうそうしょ》』早川活版所、一九〇九年）

要するに、「男女のセックスは両方が喜ぶが、男色だと念者の方は気持ち良くても若衆の方は苦

痛なだけだ！」と言っているのですが、これは黄門様自身が言ったのかどうかまではわかりません。ただ、井上玄桐という侍医が書き残しているのは事実です。そしてこれも人それぞれですし、西鶴とは主張は逆ではありますが、黄門様の主張も極論です。では、こうした極論はなぜ生まれるのでしょうか?

　黄門様の発言は、同じく『玄桐筆記《げんとうひっき》』に「天性色欲の方には御執着なかりし」とありますが、『土芥寇讎記《どかいこうしゅうき》』には「女色に耽《ふけ》りたまい、ひそかに悪所（遊廓）に通い、かつ、また、常に酒宴遊興、甚だし」とあります（磯田道史『殿様の通信簿』朝日新聞社、二〇〇六年）。この『土芥寇讎記』は、五代将軍徳川綱吉のために全国の大名の素性を集めたスパイ報告書ですから、この中に黄門様への忖度《そんたく》はありえないので、黄門様は、女色を好んで本当に男色をしていなかったのでしょう。そうでなければ、「若衆の方は苦痛なだけ」という極論は出ないと思います。

　つまり、こうした極論がなぜ生まれるかと言えば、「実態を知らないのに、知ろうともせずに批判する」となるからと言えます。もちろん私は、私たちを知りたければ実際に経験をすべきだと言っているのではありません。それは空気が見えなくとも空気が存在することは知っていることと同じで、たとえ経験がなくとも、知識を得ることで理解を深めることはできるということです。

　ちなみに、平賀源内は『男色細見』の中でこう言っています（柴山肇『江戸男色考　色道篇』批評社、一九九三年）。

女郎好きは若衆を嫌がり、若衆好きは女郎好きをそしる。この議論は昔からどちらが勝ちでも、どちらが負けでもない。いつの世にも男色と女色は存在し、吉原にも堺町《さかいちょう》（陰間茶屋の多い町）にも色に狂った馬鹿はたえない

源内の言う通り、こうした議論に勝ち負けなどありませんし、男色にも女色にも共に良い部分も悪い部分もあって当たり前でしょう。しかも、この文章を男色家の源内が書いているのです。偏見を持たないためには、どちらかに一方的に肩入れせず、そして固定観念を持たず、決めつけもせず、源内のような公平なバランス感覚を持つことが何よりも大事なことでしょう。

西郷どんの心中事件

幕末維新のヒーローであり、今でも多くの日本人に愛される男が、薩摩（鹿児島県）の西郷隆盛です。そんな西郷は、一八五八年に心中未遂事件を起こしています。

その心中のお相手が月照《げっしょう》というお坊さんでした。月照の容貌《ようぼう》については、『成就院忍向履歴』には「其身短小、中肉、顔色青白く眉《まゆ》長し、恒《つね》に藤色衣を着す」（友松圓諦《ともまつえんたい》『人物叢書　月照』吉川弘文館、一九六一年）とありますから、西郷の容姿とは真逆と言ってもよいでしょう。男と女の心中

ではありません、もちろん男同士の心中です。しかし、西郷は蘇生《そせい》し、月照のみが亡くなりました。
維新が成されて六年後の一八七四年、月照の十七回忌に西郷は次のような漢詩を送ります。

相約して淵《ふち》に投ず　後先無し
豈図《あにはか》らんや波上　再生の縁《えにし》
頭《こうべ》を回《めぐ》らせば　十有余年の夢
空《むな》しく幽明を隔てて　墓前に哭《こく》す

訳せば、「私たちは相約して心中しましたが、思いがけず私だけが助かってしまいました。思えばあれから一〇年以上経ちましたが、それはまるで夢のようです。この世とあの世を隔ててお逢《あ》いできないのはなんとも悲しく、墓前で泣き伏すのみです」というような意味となります。

西郷隆盛（1828〜1877）

幕末、倒幕の中心となったのが薩長土肥《さっちょうどひ》と呼ばれる薩摩、長州（山口県）、土佐（高知県）、肥前（佐賀県）の雄藩でした。その中で、多くの男色研究の先達たちが共通して挙げるのが薩摩の男色です。

岩田準一は『本朝男色考』の中で「明治の御代は……薩摩隼人《はやと》の男風《なんぷう》が何時《いつ》しか浸潤していた」と言っていますし、稲垣足穂は『少年愛の美学』で「〈男色は天保の改革以後〉、衰退の途《みち》を辿っていたところ、明治維新となって、四国九州の青年らによって彼らのお国ぶりが、京都や東京にもたらされた」と言っています。

さらに、オーストリア人民俗学者のフリードリッヒ・S・クラウスは『信仰、慣習、風習および慣習法からみた日本人の性生活』の中で「とくにこの愛（男色）は日本の南部の諸国では蔓延《まんえん》している。今でもなお、これらの国ではそれが存続している。とくに薩摩の国では、九州の他の国のように、さかんである」と言っているのです（フリートリッヒ・S・クラウス、安田一郎訳『日本人の性生活』青土社、二〇〇〇年）。

そこで、ここからは薩摩の男色について見ていきましょう。

ストイックな女性蔑視《べっし》から生まれた薩摩の男色

薩摩の武士は薩摩隼人と呼ばれます。なぜ薩摩隼人と呼ばれるのかと言うと、『古事記』には、天孫ニニギノミコトとコノハナノサクヤビメの間に生まれた海幸彦（ホデリ）と山幸彦（ホオリ）の兄弟が争って山幸彦が勝ったとあります。そして敗れた海幸彦は、「僕は今より後、汝命《なんじ》の昼夜の守護人となりて仕え奉らむ」とあります（次田昌幸『古事記（上）全訳注』）。山幸彦の孫が初代神武天皇であり、海幸彦が隼人族の祖とされますので、要するに、隼人族は皇室の警護を任せられていたとなりますから、当然、隼人族は勇猛果敢な人たちであったわけです。そして、薩摩の武士は隼人族のように勇猛果敢として、薩摩隼人と呼ばれるようになるのです。

こうした勇猛果敢な薩摩隼人を率いたのが島津家で、鎌倉時代から明治維新まで、その大部分の期間を薩摩の地に根を下ろし続けました。薩摩隼人の強さは、戦国時代には九州統一目前まで行ったことや、唐入り（いわゆる朝鮮出兵）での活躍、そして関ヶ原での島津の退き口でも証明されています。

では、そんな島津家は、いかにして勇猛果敢な薩摩隼人を統率したのでしょうか？　それは一五代当主島津貴久《たかひさ》の作った外城制《とじょうせい》（地頭・衆中制）にありました。外城制とは、領内の各地に上級武士（地頭）を置き、その下に中級下級武士（衆中）を配置し、そしていざというときには、地頭の命令で、平時には半農半士の衆中たちが集結して戦闘員として事に当たるというシステムでした。

薩摩は関ヶ原での敗戦を経ても巧みな外交術で領土の削減もなく江戸時代を迎えます。しかし、一六一五年の一国一城令の後も、外城制を止めることができませんでした。なぜかと言えば、他藩は武士の比率が五～七パーセントだったのに対し、薩摩は武士の比率が三〇パーセント近くを占めていたことで、一つの城下町に武士を丸抱えできないという事情があったからです。しかし、その後徐々に地頭たちは鹿児島城下に移り、衆中は郷中《ごじゅう》と呼ばれるようになります。

武士の子弟のことを薩摩では兵児《へこ》と言い、郷中の中で、数百人単位で作られた青少年の防衛組織を兵児組《へこぐみ》と呼びました。小説やドラマでもお馴染《なじ》みの郷中教育は、こうした環境の中で、二才《にせ》と呼ばれる元服して結婚するまでの一四、五歳～二四、五歳の年長者が、稚児《ちご》と呼ばれる六、七歳～一四、五歳の元服前の年少者たちを教育する青少年による教育機関でした。

先程、外城制を止めることができない理由を、薩摩は武士の比率が極端に高かったからと言いましたが、それと共に、肥後（熊本県）の加藤清正が薩摩に睨《にら》みを効かせていたという事情もありました。そうすると、当然、その国境の兵児組の郷中教育は厳しさを増すわけです。その国境は、現在は熊本県の水俣《みなまた》市に接する鹿児島県出水《いずみ》市となっていまして、その出水の兵児組を出水兵児と言いました。

この出水兵児に対する郷中教育については松本彦三郎の『郷中教育の研究』（八雲書店、一九四三年）に詳しく書かれています。

新加入の小二才たちは、生活の細部にわたって「小口じまり」から厳格に訓練された。「今夜夕食後何所何所《どこどこ》に集合」の布令が来ると小二才たちは必ず時間に後れぬやうに行かねばならぬ、それは出席の礼法である。小二才たちが全部揃《そろ》うと、「小口じまり」は「俺について来い」と云《い》つて走り出す。人里離れた山林や河原等に着く。「其処《そこ》へ正座せよ」との命令で誰一人不平を云《い》ふ者もない。そこで前記の如《ごと》き言ひ合せを暗誦《あんしょう》するまで言ひ聞かされ、斉唱し、且《か》つその実践に努めた。若《も》し之《これ》に悖《もと》ることがあれば重い体罰を受けた。寒夜に裸かにされて川の水につけられ、後手にされ、カヤの葉で小指を縛られて杭木《くい》に括《くく》りつけられ、或《あるい》は暗夜に魚を獲《と》らせられたり、縄を綯《な》うて出させられたりした。

小二才とは、稚児から元服をして二才になりたての者のことで、小口じまりとは、そのさらに前年に二才になった者のことで、要は直近の先輩ということです。そして、これは訳すまでもなく、郷中教育においてはとんでもないスパルタ教育が行われていたということになります。

それに加えて薩摩隼人には、極度の女性忌避がありました。『薩藩士風考《さっぱんしふうこう》』にはこうあります。

路上女子ニ逢《あ》ハバ穢《けがれ》ノ身ニ及バンコトヲ恐レテ途《みち》ヲ避ケテ通ル

「道を歩いていて女性に会っただけで、女性は穢れているからと避けて通っていた」と言っているのです。

では、そんな女性を少しでも見てしまうとどうなるか?　平戸藩九代藩主松浦静山《まつらせいざん》の『甲子夜《かっしや》話《わ》』には、「道ですれ違った女性を少しでも盗み見ただけで、自殺を強要された」とあります。そして、それに同情しただけでも、その者は夜中に首の骨を折って殺したとか……。そうなるとどういうことが起こるのか？　『甲子夜話』にはこうあります。

婦女を禁ずるは斯《か》くの如《ごと》しといえども、男色を求め、美少年を随伴し、殆《ほとん》ど主人の如し

スパルタ教育に加えて、極端に女性を忌避するのですから、その性のはけ口は、男色に向けられるのは当然でしょう。しかも、極度の女性忌避になれば、それは平安時代にお坊さんたちが稚児を神格化させた稚児信仰と同様になることも、また然《しか》りであるわけです。だからこそ、薩摩隼人たちは美少年をご主人様であるかのように敬ったのだと言えます。それはさらにエスカレートしたようで、『薩摩見聞記』にはこうあります。

昔時此《この》風の盛んこれなるや、美少年を呼ぶに稚児様を以《もっ》てし、其《その》出る時は或《あるい》は美しき振袖《ふりそで》を着し数多《あまた》の兵児二才之《これ》を護衛し傍よりは傘をさし掛け、夜は其門に立て寝ずの番を為《な》す者あるに至る

もうここまで来れば、これは新たな薩摩隼人たちによる稚児信仰であると断言しても差し支えないでしょう。薩摩の男色は、郷中の中でのストイックな環境と、女性蔑視と言っても過言ではない女性忌避思想の中から生まれたのです。

そんな薩摩隼人の男色と言えば、『賤《しず》のおだまき』という作品があります。話とすれば、平田三五郎という美少年が衆道関係を結んだことで、一五九九年に薩摩で起こった庄内の乱において、念者の戦死に殉じて亡くなるという内容ですので別名『平田三五郎物語』とも呼ばれるのですが、これは薩摩隼人のバイブルのように語り継がれました。

こうしたことからも、衆道関係を結んだ者たちの究極の愛の形が死であって、それが薩摩隼人を死を怖《おそ》れない軍団とし、さらに西郷が月照の死に殉じることができなかったことに悩み続けたとなると言えるでしょう。

司馬先生、何言ってんの?

幕末の土佐と言えば坂本龍馬《りょうま》、反目する薩摩の西郷隆盛と長州の桂《かつら》小五郎（木戸《きど》孝允《たかよし》）を仲介して薩長同盟を結ばせたことで有名です。

そんな龍馬は、土佐勤王党の武市半平太《たけちはんぺいた》の下にいましたが、その土佐勤王党が勢力拡大する要因となった事件が起こります。この事件を井口村事件と言いました。

坂本龍馬（1836～1867）

一八六一年三月四日、桃の節句の祝い酒を呑《の》んで上機嫌で雨の夜道を帰っていた山田広衛という藩士が、高知の永福寺（高知県高知市井口町）というお寺の門前の土橋のたもとを通りがかったとき、とある二人連れの男たちにぶつかります。山田広衛は「鬼山田」という異名を持つ剣の使い手として恐れられていたのですが、その鬼山田にぶつかったのが、中平忠次郎と宇賀喜久馬という二人の武士でした。

それがきっかけとなって、忠次郎は鬼山田に斬《き》り殺されます。この後、喜久馬は忠次郎の兄の池田寅《とら》之《の》進《しん》にこの事を伝え、寅之進は鬼山田を斬って仇《あだ》を討つのですが、藩士たちが寅之進の池田家と鬼山田の山田家に集結し一触即発になります。結局は、鬼山田を斬り殺した寅之進と、単に一緒に歩いていただけの喜久馬を切腹させることで終息するのです。

鬼山田にぶつかった忠次郎と喜久馬は、実は衆道関係にありました。要するに、二人はお手々つないでのデート中だったのです。

司馬遼太郎は龍馬を主人公にした『竜馬《りょうま》がゆく』を書いていますが、その中でこの二人の関係について、こう書いています。

中平忠一郎（忠次郎）という、若い郷士である。愚にもつかぬ男で、衆道（男色）にうつつをぬかし、宇賀某という美少年を愛している

（『竜馬がゆく（二）』文春文庫、一九七五年）

しかし、ここまで読んでいただいた皆さんでしたら、衆道が司馬の言うような「愚にもつかぬ」とか「うつつをぬかし」などというような甘い関係ではないことはご理解いただけていると思います。

宮武外骨《みやたけがいこつ》はこのように言っています。

土佐は維新の前、士気の精強を以て鳴る地である。而《しか》して同性契交の士風は薩南のそれに似たるものがある

（宮武外骨の『美少年論』」稲垣足穂『南方熊楠児《ちご》談義』所収）

つまり、「土佐は、薩摩と変わらない精強さと男色があった」と言っているのです。そこで、ここからは土佐の男色を見ていきましょう。

板垣退助《いたがきたいすけ》の狼藉《ろうぜき》

戦国時代には四国統一目前まで行くのが長曽我部《ちょうそがべ》家なのですが、土佐を室町時代に治めていたのは細川家でした。ですから、この頃は長曽我部家もその支配下にありました。しかし、〝魔法使い〟こと細川政元の暗殺で土佐においても細川家の勢いが弱まり、熾烈《しれつ》な勢力争いが繰り広げられることとなります。

そんな長曽我部家を四国統一目前まで持って行ったのが長曽我部元親《もとちか》であり、その原動力が一領《いちりょう》具足《ぐそく》という制度です。一領具足とは、「平時には田畑を耕して農民として生活し、領主からの動員がかかると一領の具足を携えて馳《は》せ参じる形態」でしたから、薩摩の外城制ともよく似たシステムだったことがわかります（海上知明《うなかみともあき》『戦略で読み解く日本合戦史』ＰＨＰ新書、二〇一九年）。

ところが、薩摩と明暗が分かれたのが関ヶ原の戦いであり、島津も長曽我部も西軍に与《くみ》したにもかかわらず、薩摩がお取り潰《つぶ》しも領士の割譲もなかったのに対して、長曽我部家は取り潰されて山《やま》内一豊《うちかずとよ》が土佐一国を得ることとなりました。

一領具足たちは郷士《ごうし》と呼ばれて一豊に弾圧されますが、二代藩主山内忠義《ただよし》は、逆に郷士を懐柔することに努めます。しかし、それは上士と呼ばれた山内家の家臣たちの反感を呼び、さらに郷士の徴税が厳しかったために百姓たちからも郷士は怨《うら》まれることとなりました。こうして郷士たちは無職となり、「いらぬものは郷士と犬の糞《くそ》」とまで言われるようになります。要するに、大河ドラマ等々でも描かれる上士による郷士への差別は、こうして酷《ひど》くなって行ったのです。

さて、土佐は、南に太平洋があり、ジョン万次郎や坂本龍馬を輩出するような開放的な面を持ちながら、北には四国山地が囲むので、昔から流刑地であった歴史もある程の閉鎖的な側面も持っていました。そして太平洋からはクジラがやって来ます。このクジラを獲《と》るためのエサが子犬でした。そのような環境の中では、徳川綱吉の生類憐れみの令もすぐに破られて、大々的な犬狩りが行われました。その名残が闘犬です。

そんな環境では、死の穢れを説く仏教は普及しにくくなります。そして事実、文化庁の『宗教年鑑　平成二六年版』（文化庁、二〇一五年）を見ても、現代でも高知県における仏教徒は西日本では断トツで低く、全国で見ても下位にあります。そうなるとどういうことが起こるのかと言うと、仏教の影響が薄い土佐においては、来世を共にしようとは思いにくいので心中事件が少なくなります。そして現世のことは現世で解決しようとなりますから、もし解決できないとわかると、自分の身を捨ててでも相手を傷つけようとする、つまり刃傷《にんじょう》事件が多くなるわけです。

板垣退助（1837〜1919）

このような環境での男色はどうなるかについて、宮武外骨が『美少年論』に書いています。

若《も》し強《し》いてこれを排斥し、男色の接近を避ける者があると、同儕《どうせい》相集《つど》つてその家に押しかけて行ってその家の子弟をつかまえて強いてこれを犯す。隣室に父母兄弟がいてもこれを顧慮しない。父母兄弟また甘んじて彼らの横恣《おうし》に委《まか》して顧みないのである

（前掲「宮武外骨の『美少年論』」）

要するに、男色を嫌がる者がいたら、仲間で集まって嫌がる子の家に押し掛けて、その家で捕まえて犯すのです。しかし、家に押し掛けるのですから、そこには犯されている少年の家族がいますが、隣室で息子が犯されていても、家族は一切手出しできないのです。

しかし、やはり少年の中には当然訴える者もいます。こうしたとき、判決文には女色の場合は「柔弱の交わり」と書かれ、男色の場合は「狼藉」と書かれました。そして『御家中変儀』という土佐藩の刑罰記録を見ると、柔弱に比べれば狼藉の方が多く記録されています。そして自由民権運動の板垣退助も、何度も狼藉を働いて処罰されています（平尾道雄『平尾道雄選集　第二巻　土佐・庶民史話』高知新聞社、一九七九年）。

そうした狼藉が多発する理由とすれば、土佐では遊廓は禁止され、陰間茶屋も存在しなかったこ

ともあります。ちなみに、薩摩の場合は江戸の薩摩藩邸近くの芝神明《しばしんめい》（現在の東京タワー辺り）の陰間茶屋をお得意様にしていました。こうしたところが、西郷の心中未遂と合わせて、薩摩と土佐の男色の違いとなるでしょう。

明治維新は男色頂上決戦

上士による郷士への差別については先程述べましたが、井口村事件における鬼山田は上士であり、中平忠次郎と宇賀喜久馬と池田寅之進は郷士でした。だからこそ、郷士の忠次郎は問答無用で上士の鬼山田に斬り殺されるわけであり、切腹させられるのが郷士の喜久馬と寅之進のみなのであり、そしてこれが郷士の土佐勤王党の怒りの源泉となっていくわけです。

この井口村事件で切腹した宇賀喜久馬の遠縁にあたる小説家の安岡章太郎は、この事件に興味を持ちます。そして従兄《いとこ》に電話したところ、このように言われます。

「ああ、宇賀のとんとの話か」と、まるで近所の誰かの噂《うわさ》ばなしでもする口調でこたへた

（安岡章太郎『流離譚《りゅうりたん》（上）』新潮社、一九八一年）

「とんと」とは、薩摩で言うところの稚児、衆道で言えば若衆のことです。宮武外骨は「〈土佐の〉

士族の少年でこの事情を解さない者は一人としてこれがない」と言っていますが、この従兄も当然、喜久馬の話となると、即座に「あぁ、あの若衆の少年のことか！」と理解するわけです。安岡の従兄の話は続きます。

「宇賀のとんとが腹を切つた話なら、別役のおばアさんがしよつ中、言ひよつた。――みんなが喜久馬にいうて聞かせたもんぢや『腹を切つても痛いというて泣いちやいかん、見ともないきに泣かれんぜよ。泣いたらとんとぢやというて、また、てがはれるきに（からかはれるから）』」

こうして見ても、衆道関係を結ぶことは家族公認であり、からかわれる理由も、衆道関係を結んだことではなく、切腹での泣き言だったことがわかります。そして、司馬遼太郎の言うような「愚にもつかぬ」とか「うつつをぬかし」などと言うようなことでは決してなく、やはり命懸けだったということになるのです。

薩摩と土佐に並んで倒幕の中心となる長州は、実は男色の記録はほとんどありません。その理由を述べることは省きますが、長州には吉田松陰《よしだしょういん》という精神的支柱が現れました。その松陰の松下《しょうか》村塾《そんじゅく》で高杉晋作《たかすぎしんさく》と並んで双璧《そうへき》と呼ばれた久坂玄瑞《くさかげんずい》は、日記の中で土佐の男色について書いていますから、強力な軍隊育成のために、玄瑞は土佐の男色を見習おうとしていたのかも知れません。

他方、幕府においては幕末になるにつれて、男色は廃れて行きました。

江戸時代の肖像画を見れば一目瞭然《いちもくりょうぜん》なのが、初期と中期以降でヒゲが消えていることです、幕末の徳川斉昭《とくがわなりあき》は例外と言っても良いのです。そもそもヒゲを生やすのはなぜかと言えば、『葉隠』に「ヒゲがなければ女の首と判断が付かない」とあるように、ヒゲは武士としての身だしなみでした。それが消えるのは、武士が戦闘集団から官僚化したことを表します。そして武士の早婚化が起こりました。衆道の期間は前髪のある期間が大部分ですから、ただでさえ短いのに、早婚化が進めば、それはさらに短縮されることになるのは当然なのです。男色の退潮自体は、泰平の世においては確かに社会の安定をもたらしますので必要なことではあったのですが、幕末の騒乱の時代においてはマイナスに働きます。

薩摩や土佐と変わらぬ男色の風土を持った藩としては会津藩があったのですが、そんな会津藩が佐幕《さばく》側の中心となるのは、また必然であったのです。

一八六八年の西郷隆盛と勝海舟《かつかいしゅう》による江戸無血開城後に、旧幕府勢力が結成した彰義隊《しょうぎたい》と新政府軍が争う上野戦争が起こりますが、この戦争によって上野寛永寺《かんえいじ》は焼け落ち、最後まで寛永寺の庇護《ひご》で生き残っていた陰間茶屋も、その運命を共にしました。

そして、上野戦争後、会津において薩摩藩と土佐藩を主力とする新政府軍と会津藩（奥羽越列藩《おううえつれっぱん》同盟《どうめい》）が一ヶ月に渡る会津戦争を繰り広げることとなりますが、この戦争も、見方を変えれば「最強の男色頂上決戦」と言えるのでしょう。結局は新政府軍の勝利に終わり、時代は明治に突入します。

第八章

明治大正の男色
——なぜ男色はヘンタイとなったのか？

『變態性慾《へんたいせいよく》』創刊号

我が国最後の内乱も男色戦争

明治維新は、「武士階級の自殺」と呼ばれます。では、これを男色の視点でみるとどうなるでしょうか。

薩長土肥の武士たちは、幕府を倒して新政府を作りながら、士農工商の廃止と四民平等によって身分制度を廃止しました。武士は士族となります。さらに、徴兵令によってそれまでの専門の戦闘集団だった士族だけでなく国民全体が軍人になる道を開き、廃刀令によって自らのシンボルを失わされるわけです。まさに「武士階級の自殺」です。

これに反発したことで、佐賀の乱や神風連《しんぷうれん》の乱や萩《はぎ》の乱などの士族反乱が多発します。その士族反乱の最後に起こるのが一八七七年の西南《せいなん》戦争であり、西郷隆盛と盟友の大久保利通《おおくぼとしみち》が激突しました。

新政府軍の総司令官は山縣有朋《やまがたありとも》ですが、彼は高杉晋作の創設した奇兵隊《きへいたい》出身であり、奇兵隊は武士と庶民の軍隊でしたから、まさに徴兵令で集めた新政府軍と同様であり、しかも山縣自体が男色の気風がほとんどない長州の出身でした。

最新鋭の武器を備えていますが男色のない新政府軍と、旧式の武器でありながら最強の男色集団の西郷軍、どちらが強いのか？　当然、西郷軍の方が強いのです。

これに業を煮やした新政府は、薩摩出身の川路利良《かわじとしよし》の率いる警視庁抜刀隊を投入します。

ここにおいて「最強の男色集団VS最強の男色集団」の戦闘になりました。こうなると、当然ながら最新鋭の武器を擁する新政府軍に西郷軍は敵わなくなります。そして、最終的に鹿児島の城山で西郷は命を落としました。そのときの西郷が、「これでやっと月照様にお逢《あ》いできる」と思ったのかどうかまではわかりませんが……。

西郷の亡くなった翌年の一八七八年、盟友でありながら西郷と敵対した大久保利通も、東京の紀《き》尾井坂《おいざか》で暗殺されました。

そのとき、大久保の懐には西郷からの手紙が二通入っていました。

そのうちの一通は、岩倉使節団《いわくらしせつだん》として大久保が洋行したときの、洋装してヒゲをたくわえた写真です。西郷が「もう、写真を撮らない方が良い、似合わないから」と忠告したとか（『大久保利通文書　第四』東京大学出版会、一九六八年）。

大久保利通（1830〜1878）

大久保は独裁者と言われながらも日本の近代化のために邁《まい》進《しん》しましたが、そんな孤独な大久保にとって、亡くなるまで西郷は盟友であり、忠告してくれる唯一の存在でした。

二人の関係こそ、浄愛です。

日本で男色が罰せられたのは一〇年足らず

ここまで当たり前のように男色や衆道《しゅどう》という用語を使っていますが、現代ではそうした用語は使われることはありません、同性愛と呼ばれます。なぜでしょうか？

そして、これも当たり前のように日本には男色文化が根づいていたとお話ししてまいりました。

しかし、ここまで読まれて違和感をお持ちの方もおられるのではないでしょうか？「私たちの子供の頃って、同性愛者ってヘンタイと思われてなかったっけ？」と。

中には今でも「同性愛者はヘンタイ」と感じている方もおられるかも知れません。そして同性愛に寛容な方でも、「テレビや雑誌などで観てるだけなら良いけど、実際に告白されたらどうしよう……」と感じられる方は多いのではないでしょうか？

この章では、そうした多くの日本人が抱く同性愛像が、いかに形作られたのかを読み解きます。

明治の御代《みよ》になって六年後の一八七三年、鶏姦罪《けいかんざい》が施行されます。

〔明治六年の改定律例の改正犯姦律第二百六十六条〕

凡《およそ》鶏姦《けいかん》スル者ハ。各懲役九十日。華士族ハ。破廉恥甚《はなはだしき》ヲ以テ論ス。其奸《かん》セラルヽノ幼童。一五歳以下ノ者ハ。坐《ざ》セス。若《も》シ強奸《ごうかん》スル者ハ。懲役十年。未タ成ラサル者ハ。一等ヲ減ス

（フリートリッヒ・S・クラウス安田一郎訳『日本人の性生活』）

鶏姦とは、ニワトリの排泄口《はいせつこう》が見た目では一ヶ所しかないように見えることから、要するに肛門《こうもん》性交（アナルセックス）を表します。それを犯す罪ですから、これは男色を犯す罪です。

江戸時代でも、男色が泰平の世を乱す要因であることから、衆道や殉死の禁止令は出されましたが罰則を設けていたわけではありません。ここにおいて、日本史上初めて男色に罰則を科すようになったわけです。

鶏姦罪が設けられた理由は、明治新政府は、欧米列強から不平等条約を結ばされていましたから、一日でも早く不平等条約を撤廃する必要性がありました。そのために文明国の仲間入りをする必要がありましたし、さまざまな近代化を進めます。そこでネックとなるのは、これまでも見たように欧米諸国が男色を罪だと認識し、男色を容認する国は非文明国と見なしているということでした。ですから、日本の近代化を進め、文明国の仲間入りを果たすためには、日本としても男色をそのままにはできなかったのです。

しかし、鶏姦罪は施行されて一〇年を満たずに一八八二年には旧刑法からは姿を消しました。

なぜならば、いわゆるお雇い外国人のフランス人法学者ギュスターヴ・エミール・ボアソナードが「鶏姦は、確かに卑しむことだし、良くない行為だけれども、フランスにおいても、たとえ鶏姦といっても双方が承諾した行為までは罰せられることはない。もし、未成年者に対して鶏姦を犯した場合は、それは一律に猥褻《わいせつ》として罰すれば良い！」と訴えたからです。

要するに「愛し合う二人の間の性交渉に、国家権力が刑罰を設けて介入してはいけない！」と言っているのです。こうしてボアソナードの提言を受けてこのように変わりました。

ギュスターヴ・エミール・ボアソナード
(1825〜1910)

［明治一三年刑法（太政官布告第三六号。明治一五年一月一日施行）の第三四六条］

一二歳未満の男女に対する猥褻行為、そして一二歳以上の男女に対する暴行・脅迫を以て行われた猥褻行為を罰する

つまり、合意の上での男色行為は、ここにおいて罰せられなくなりました。我が国二六八一年の悠久の歴史において、現代に至るまで男色が罰せられたのは、このわずか一〇年足らずに過ぎないのです。

異性装の罰則化

日本における男色の衰退は、女性的な男色が先に来ました。

今、「女性的」と言いましたが、江戸時代においては、今でこそ女性の着物である振袖《ふりそで》も元は若衆のものですし、東京オリンピックのエンブレムである市松模様も、元は歌舞伎役者の佐野川市松《さのがわいちまつ》が着用した衣装が爆発的な人気を得たことで女性たちが真似《まね》したものですし、吉弥《きちや》結びという帯の結び方も上村《かみむら》吉弥という『男色大鑑』にも登場する役者が始めたものでした。ですから、厳密に言えば「女性たちが歌舞伎役者を真似て男装した」と言った方が正確でしょう。それはともかく、男性と女性のファッションの境目が曖昧《あいまい》なのが江戸時代であったとも言えます。

それと同時に、乳幼児死亡率の高かった江戸時代には、男児を女児として育てれば元気に育つという迷信から、男児を女児として育てるという風習もありました。そのようなわけで、そのまま女装した男が男性のもとに嫁ぐこともありました。また、女犯の禁じられていた寺院でも、女性を男装させていたという事例もあります。男色の元祖のお坊さんでも、誰でも男色を望むわけではないので、女性に男装させて小姓とするわけです。


「小姓の脹満《ちょうまん》もしやそれかと和尚《おしょう》思ひ」（柴山肇『江戸男色考　悪所篇』）

「脹満」というのは、ガスや液体がお腹に溜《た》まって膨れることなのですが、タネを明かせば、「男装させた小姓が妊娠してた」ということです。

ところが明治維新後の一八七三年、つまり鶏姦罪の施行された同年、各地方違式詿違条例《かくちほういしきかいいじょうれい》という現在の軽犯罪法のルーツとも言うべき法令が発布されます。その中に、こうした条文があります。

男ニシテ女粧シ、女ニシテ男粧シ、或ハ奇怪ノ粉飾ヲ為《な》テ醜体ヲ露《あらわ》ス者。但、俳優、歌舞伎等ハ勿論《もちろん》、女ノ着袴《ちゃっこ》スル類、此限ニ非ズ

（三橋順子『女装と日本人』講談社現代新書、二〇〇八年）

違反者の罰則自体は、違反すれば一〇銭と、決して重くはありませんでしたが、かなり厳格に適用されたようで、「俳優、歌舞伎等」は適用外であったにもかかわらず、往来での女装は取り締まられるようになり、女装するのは舞台に限られるようになりました。

これもやはり文明国への仲間入りを目指す明治新政府にとっては、野蛮国と思われないために厳格に取り締まったということと、江戸幕府の終焉《しゅうえん》によって消え去った陰間茶屋の復活の機会が完全に失われたということ、そして女性的な男色の衰退を決定づけたと言っても良いでしょう。

学生の餌食《えじき》になった森鷗外《もりおうがい》

女性的な男色は衰退したとは言え、明治においても男色自体が衰えたわけではなく、特に男性的な男色は、学生たちの間で盛んになりました。それは多くの文学作品からわかります。

例えば、一八八五年の坪内逍遥《つぼうちしょうよう》の『当世書生気質《とうせいしょせいかたぎ》』には、桐山勉六という男色家が登場します。彼のバイブルが『三五郎物語』なのですが、これが薩摩の男色で触れた『賤のおだまき』のことで、「其《そ》の揩《す》れたること洋書に優れり」というくらいに読んでいまして、「女色に溺《おぼ》るゝよりは龍陽（男色）に溺るゝはうがまだエエわイ」（坪内逍遥『当世書生気質』岩波書店、一九三七年）と豪語し、板垣退助を誉《ほ》め称《たた》えるのです。こうしたところに薩摩と土佐の男色が学生たちに蔓延《まんえん》していたことがわかります。

さらに学生たちの男色はエスカレートして行きました。

アナーキストで甘粕《あまかす》事件によって惨殺された大杉栄《おおすぎさかえ》は一九〇一年の名古屋陸軍幼年学校時代に「修学旅行や遊泳演習のときは、それがほとんど毎晩の仕事であったように、『仲間』の者は左翼や下級生の少年を襲うた。その晩も僕らは、坂田といっしょに、第四期生の寝所に押しかけた」と下級生を襲ったことを告白しています（大杉栄『自叙伝』土曜社、二〇一一年）。

後の枢密顧問官《すうみつこもんかん》・三浦梧楼《みうらごろう》は一八八二年の陸軍士官学校校長時代に、士官学校の生徒たちに襲われる幼年学校の生徒たちに「貴様達は将来国家の干城《かんじょう》たるべき立派の将校になる身分ではないか、如何《いか》に幼少の身とは言え、甘んじて他の陵辱《りょうじょく》を受けるとは何事である」（三浦梧楼『観樹将軍回顧

森鷗外（1862～1922）

録』中公文庫、一九八八年）と、ハッパをかけて防いでいたりします。

それは男色を罪として忌み嫌うクリスチャン系の学校でも同様で、現在の同志社大学の前身である同志社英学校に通った徳《とく》冨蘆花《とみろか》も、『冨士』の中で「信仰篤《あつ》しと称《たた》えられ協志社（同志社）に牛耳《ぎゅうじ》を取つて居た畑中と云ふ人が、男色の形迹《けいせき》（形跡）あらはれて退校となつたと云ふ」と過去に男色事件が起きていたと言っています（前田河廣一郎『蘆花傳』岩波書店、一九三八年）。さらに『蘆花日記』の一九一五年六月一日の項にも「俺が十二の時、加藤勇次郎が余を腹の上に抱き上げたりさし上げたりしたが、彼が陽物の勃起《ぼっき》が余に著しく感ぜられた。余を常に姦して居た其弟の勘次郎は隣の床で、黙つて居たが大分気を揉《も》んで居た様だ」と言っています（氏家幹人『武士道とエロス』講談社現代新書、一九九五年）。蘆花が先輩の兄弟に犯されていたことがわかるのです。

そのような中でも、その後の日本の男色の展開に大きく影響を与えたのが、森鷗外が一九〇九年に発表した自伝小説『ヰタ・セクスアリス』でした。

主人公の金井《かね》湛《いしずか》は、とある中国地方の城下町（津和野《つわの》藩、島根県津和野町）に生まれましたが、一一歳のときに東京は本郷にあるドイツ語を教える私立学校（進文学舎）に入学します。そして授業の終了後に寄宿舎に寄った金井は、ここで初めて男色があることを知り、金井は男色の餌食になります。

ある日、寄宿舎に寄ると、お布団が敷いてあり、「君、一寸だから此中《このなか》へ這入《はい》つて一しよに寝給へ。」「僕は嫌だ。」という問答があった後、「嫌だ。僕は帰る。」と金井が断ると、隣からも応援が来て、金井は大ピンチに陥ります。しかし止めが入ってピンチを逃れた金井は、これをお父さんに報告し、ビックリされると思っていると……。

「うむ。そんな奴がをる。これからは気を附けんといかん。」かう云つて平気でおられる。そこで僕は、これも嘗《な》めなければならない辛酸のひとつであつたといふことを悟つた。

（森鷗外『筑摩現代文学大系４　森鷗外集』筑摩書房、一九七六年）

要するに、お父さんからすれば、「そんなことは普通だよ、何を驚いてんの？」という感想だったわけです。

このように学生たちの男色は当たり前だったのですが、当時は男色を好む者のことを硬派《こうは》、女色を好む者のことを軟派《なんぱ》と言いました。軟派に関しては、現代でも女性を引っ掛けることをナンパというように、意味はそれほど大差はありませんが、硬派は現代とは意味が変わっていることがわかります。

ここまでは、あくまでも学校内での話なのですが、問題なのは、学校外でも男色で騒動を起こす学生がいたことです。

一八八六年生まれの谷崎潤一郎《たにざきじゅんいちろう》は、子供の頃に「決して戸山ヶ原などにひとりで遊びに行くな！」という注意を受けています。なぜかと言えば、戸山ヶ原には近くに早稲田大学があったので、早大生に襲われる可能性があったからなのです。

これについてはフリードリッヒ・S・クラウスも、一八九六年九月二日の「ジャパン・デイリー・メイル」に「牛込と四谷（東京の二つの区〔現在の新宿区〕）の一部の学生の間に、これらの地区では少女より少年のほうが夜間外出すると危険にさらされるような行為が流行《はや》っている」という記事があることを『日本人の性生活』の中で紹介しています。

こうしたことが繰り返されることで、男色に対する逆風が襲います。

男色が悪習と見られたのはなぜか？

なぜ学生たちの男色がこれまで見てきたような流行を見せたのかと言いますと……。

江戸時代の幕藩体制は三〇〇の藩の集まりであり、幕府でさえ直轄地の天領として四〇〇万石という最大の石高を持っていたとは言え、全国三〇〇〇万石の中では七・五分の一しかありませんでした。つまり、幕藩体制とは地方分権体制だったからこそ、薩摩や土佐の男色は男性的なものとして生き残ったのです。

しかし、明治になると、地方分権から中央集権となりました。そして明治維新の原動力が薩長土肥だったので、薩摩と土佐の男色が東京に流入し、それがさらに地方の学校に拡がったのです。明治新政府は文明国の仲間入りを目指していたので男色を衰退させる必要があったのですが、皮肉なことに……。

そんな学生たちの男色が、江戸時代の土佐のときに触れたような狼藉《ろうぜき》と言ってても過言ではない状況になったことで、徐々に男色自体を批判する風潮が生まれてきます。

森鷗外の『ヰタ・セクスアリス』を読んだことで学生たちの男色を厳しく批判したのが、一九〇九年の河岡潮風の『学生の暗面に蟠《わだかま》れる男色の一大悪風を痛罵《つうば》す』でした。

河岡は、まずは『旧約聖書』における男色の罪によってソドムが全滅したと述べ、世界と日本の男色の歴史を紐《ひも》解《と》いて、「男色は強国を造る」という思想は間違いで、それは「万に一つの例外に数ふべき英雄天才の事であつて、凡人の癖に男色ばかり真似れば、是《これ》こそ所謂《いわゆる》鵜《う》の真似《まね》をする烏《からす》である」と論じます、要するに、「男色は強国を造るというのは、極々一部の英雄や天才の例外に過ぎず、凡人が真似たところで、それは烏が鵜飼いの鵜の真似をしているようなものだ！」と言っています。

その上で批判の矛先は、「薩摩、土佐、会津などに最も旺《さか》んなりし男色の悪弊」が学生にまで拡《ひろ》まったことに向けられます。

河岡は、その原因は美少年が同窓生にいることと、社会が男女の恋愛に厳しく男色に寛容なことであるとして、それがクラスごとの衝突や、ピストル騒ぎ、刃物騒ぎ、決闘などになり、その裏には美少年がいることであるとします。

この後も「男色は人をして愚ならしむ」、「人心を軽佻浮薄《けいちょうふはく》ならしむ」、「お稚児様は英雄天才となれぬ」等々、偏見のオンパレードですが要約すれば、「学生など所詮《しょせん》は鵜にはなれないのだから、英雄や天才の真似をするな！＝男色なんぞするな！」と言いたいわけです。

河岡は、学生たちの男色を止めさせる手段として「美少年を弄《もてあそ》ばんとする奴、美少年ブル奴を片ツ端からなぐるべし、……鉄拳《てっけん》に非ざれば為《な》し得ざる所である」とまで言い放っています（礫川全《こいしかわぜん》次《じ》編『男色の民俗学』批評社、二〇〇三年）。

この論考には異議を唱えたくなるところも多々ありますが、河岡がなぜここまで言うのかとすれば、それは当時の学生たちの男色が、土佐の狼藉に似て社会問題になっていたということも考慮するべきでしょう。

森鷗外の『ヰタ・セクスアリス』は、雑誌「スバル」に掲載された一ヶ月後、エロ小説として風紀を乱すことを理由に、内務省から発禁処分にあいます。

さらに、何度か取り上げている宮武外骨の『美少年論』も「此原稿（四百七十二枚）を去る七月下旬入手せしかば、改削を加へて直ちに印刷に着手せしが……極端に渉《わた》る淫猥《いんわい》字句、醜陋《しゅうろう》字句は、現行法律の許さざる所なるを以《もっ》て、適宜《てきぎ》に改削を加へたりとの通知せしに、著者某より改削を好まず、寧《むし》ろ中止せよとの電報ありしがため、突然印刷を中止せしが」、最終的に印刷が完了していたため、第九章を省いて一九一一年に刊行されました（稲垣足穂『南方熊楠児談義《みなかたくまぐすちごだんぎ》』所収「宮武外骨の『美少年論』」）。

このように、明治の終わり頃は、まだまだ社会は男色に寛容ではありながらも、男色を悪習と見る風潮の芽は、少しずつではありますが見え始めていました。

そうした風潮が現れ始めた要因としては次の三点が挙げられるでしょう。

［その一］文明国への仲間入りのために、一時的であれ、明治初期に男色を鶏姦罪として罰する時期があったこと。

［その二］明治維新によって薩摩と土佐の男色がまずは東京に流入し、さらに地方分権から中央集権になったことで、学生たちの硬派な男色が全国の至る所で問題を起こし、女性の独り歩きよりも男性の独り歩きの方が不安な状況が生じたこと。

［その三］前記のような学生たちの男色が、ジャーナリズムの発達によって、事件として全国に報道されるようになったこと。

こうした要因が加わって、男色が悪習と見られるようになったわけですが、この当時はすでに男色を取り締まる法律は存在しなくなっているのは、すでに述べた通りです。

ところが大正時代に入ると、一気に学生たちの男色は一掃されることとなります。例えば、一九二〇年に出された里見弴《さとみとん》の小説『桐畑』にはこうあります。

十七歳の少年岩本が、恋する女性の葬式の日に失踪《しっそう》した。あまりに深い悲しみのなせる業《わざ》。しかし真相を知らない人々の間では、「その時分盛に横行してゐた美少年を追ひ廻《まわ》す悪書生にでも引ツ張られて行つたのではあるまいか、といふような心配が、一番間違ひのないところらしく語られてゐた」

（氏家幹人『武士道とエロス』）

この中にある「その時分」とは明治時代後期のことなのですが、大正時代（一九二〇年は大正九年）になると、そうした美少年が悪書生に追い回されるというのは、「盛に横行していた」と過去形の話となっているのがわかると思います。

では、森鷗外の『ヰタ・セクスアリス』から里見弴の『桐畑』の間に何が起こったのでしょうか？

変態性欲——性欲を正常と異常に分けた性欲学

大正時代に入ると、男色と共に同性愛という用語が出てくるようになります。

例えば、一九一八年の森徳太郎の『男子間相愛の風俗の沿革』には「男色即《すなわ》ち同性の愛のことは国民衛生や社会政策上芳《かんば》しからぬことではあるが」とあり、一九二一年の鷲尾浩《わしおひろし》（雨工《うこう》）の『同性愛の歴史観と其意義（抄）』は題名にそのまま同性愛という用語が出てきます。さらに一九二四年の田中香涯《たなかこうがい》による『男色に関する史的及び文学的考証』にも「男色とは男子同性愛の謂《いい》であるが」とありますから、関東大震災の起こった翌年頃には、完全に同性愛という用語が社会に定着していることがわかります。

この『男色に関する史的及び文学的考証』には、さらに気になる文言が。「珍奇な変態的なものになつてゐる」、要は「同性愛＝変態」という認識が広く社会に拡がっているわけです。

この同性愛は変態という認識は、昭和に入るとさらに広まっていまして、一九三〇年の『本朝男色雑考』には「男色とは男女自然の欲望に対する一種変態の性欲観念」とあり、やはり一九三〇年の『男色考』には「医学的には性的錯倒とか云ふ中に属して」とあり、一九三六年の『史実の種々相』には「それを色情錯倒と認められ、彼が精神病者たる所以《ゆえん》の一に加へられた」等々の用語が次々と出てくるのです（礫川全次編『男色の民俗学』）。

こうした用語が頻発するきっかけとなったのが、一九一三年の性欲学を唱えたドイツ人医学者リヒャルト・フォン・クラフト＝エビングによる『変態性慾《せいよく》心理』の日本での刊行であり、性欲学においては性欲を正常か異常かで分けると定義していました。

クラフト＝エビングの性欲学の導入による変化についてクラウスは、『日本人の性生活』の中でこう言っています。

同性愛はマゾヒズム、サディズム、フェティシズム、および類似の障害と同一視できるという仮説に帰着するかもしれない。同性愛はクラフト＝エビング以来後者としばしば一緒に提示された

つまりこれを境として、男色は同性愛となり、同性愛はマゾヒズムやサディズムやフェティシズムなどと同一視され、変態性欲と呼ばれるようになったのです。

しかし、そもそもクラフト＝エビングは、なぜ性欲を正常か異常かで分けたのでしょうか、そして、クラフト＝エビングはこれまで見てきたザビエルやヴァリニャーノのような男色に対する偏見を持っていた一人だったのでしょうか？

『風と木の詩《うた》』と『パタリロ！』

子供の頃の私は少女マンガにはまっていました。山岸涼子先生の『日出処《ひいづるところ》の天子《てんし》』も聖徳太子と蘇我毛人（蝦夷）のBLで衝撃的でしたが、最も衝撃的だったのは、竹宮恵子先生の『風と木の詩』（文庫版 全一〇巻、白泉社文庫、一九九五年）でしょう。なにせ、近親相姦《きんしんそうかん》あり、レイプあり、サディズムありで、それがすべて男色なのですから……。

舞台は一九世紀末の南フランスの学園。主人公は貴族の父とジプシーで娼婦《しょうふ》出身の母の間に生まれたセルジュ＝バトゥールと、学園長からクラスメイトに至るまで片っ端から誘惑し、男色関係を持つ小悪魔的な美少年のジルベール＝コクトー。

そんな小悪魔のジルベールをセルジュは何とか矯正しようと試みるのですが、子供心に私が思ったこと、それは「ジルベール、セルジュに負けるな！」

なんで当時の私はそんなことを思ったのでしょう。倫理的に正しいのは、明らかにセルジュなのに……。

当時の私は、私のすべてをさらけ出す自信も勇気もありませんでした。そんな中で、自らの信じる道を自由に羽ばたこうとするジルベールの姿が羨《うらや》ましく、それ以上に愛《いと》おしかったのか

竹宮恵子『風と木の詩』

も知れません。そんなジルベールを矯正しようというセルジュの正義感は、ジルベールを束縛するだけなのです。

そんなジルベールの対等な恋の相手であり、ジルベールを支配する存在がいました。叔父（実は父）のオーギュスト・ボウです。

ジルベールとセルジュの葛藤《かっとう》と恋のゆくえはいかに？　ここからは実際にお読みいただくこととして……。

さて、大人になった私が疑問に思ったのは、『風と木の詩』はフィクションとは言え、男色を禁じるヨーロッパで、このような物語が実際にありうるのか？　ということでした。

鶏姦罪を廃止するきっかけとなった、セルジュやジルベールと同時代人であり、フランス人でもあるボアソナードは、なぜキリスト教圏の人間でありながら、鶏姦罪の廃止を提言したのでしょうか？

それは、ナポレオン・ボナパルトによる『ナポレオン法典』が、宗教上の罪と世俗の罪を分離させ、世俗の罪のみを適用させるようにしたからです。そうなれば、当然、男色の罪は宗教上の罪ですから、適用範囲外となるわけです。

しかし、そんな状況を受け入れなかったのが、ドイツとイギリスでした。そこで、イギリスがどうだったのかを見ていきましょう。

イギリス（イングランド）では、七世紀から法律で男色は禁じられており、一八六一年までは死刑が適用される重罪でした。これは、日本で言えば聖徳太子や中大兄皇子《なかのおおえのおうじ》（天智《てんじ》天皇）の生きた飛鳥《あすか》時代から、江戸時代の幕末の動乱の頃までという長期にわたります。

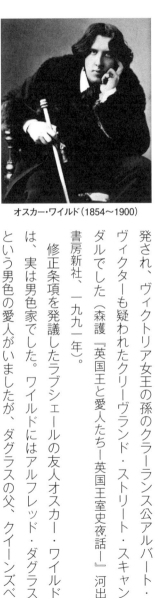

死刑ではなくなった後も男色（ソドミー）は口に出すことも憚《はばか》られるほどに忌避されていましたが、一八八五年、『サロメ』や『幸福な王子』でも有名なオスカー・ワイルドの友人で国会議員のヘンリー・ラブシェールの発議によってラブシェール修正条項が施行され、これによって男色は、公的私的にかかわらず、しかも肛門性交に至らないフェラチオのような行為でも処罰されるようになります。

オスカー・ワイルド（1854～1900）

このラブシェール修正条項によって最初に裁かれたのが、一八八九年にロンドンの男娼街《だんしょうがい》が摘発され、ヴィクトリア女王の孫のクラーランス公アルバート・ヴィクターも疑われたクリーヴランド・ストリート・スキャンダルでした（森護『英国王と愛人たち―英国王室史夜話―』河出書房新社、一九九一年）。

修正条項を発議したラブシェールの友人オスカー・ワイルドは、実は男色家でした。ワイルドにはアルフレッド・ダグラスという男色の愛人がいましたが、ダグラスの父、クイーンズベリー侯爵ジョン・ダグラスからのアルフレッドへの迫害やワイルド自身への中傷に対して、周囲の反対を押し切ってジョンを告訴に踏み切ります。周囲がなぜ反対したのか、それはジョンを告訴することは、自身の男色を告白することになるからです。

そして、案の定、ワイルド自身の男色行為が裁判で明らかになり、ワイルドは告訴を取り下げると共に逮捕され、懲役二年の有罪判決を受けることとなりました。

ワイルドは一八九七年に釈放されますが、それからわずか三年後の一九〇〇年、失意の中でパリで亡くなりました（宮﨑かすみ『オスカー・ワイルド「犯罪者」にして芸術家』中公新書、二〇一三年）。

さて、このような男色家であるというだけの理由で逮捕されるのならば、オスカー・ワイルドはいかなる手段を使えば助かるのでしょうか？

その方法はただ一つ、ワイルドが精神障害者であれば良いのです。どういうことかと言えば、現代の日本でも、犯罪者には精神鑑定が行われ、精神障害と判断されれば、減刑の対象となります。それと同じことです。そこで、性欲学では「同性愛者は異常性欲者」と規定したのです。

ですから、性欲学がイギリスに並んで男色に厳しかったドイツ人のクラフト＝エビングによって起こったのも必然であり、男性同性愛者の解放運動の祖と言われ、世界初の男性同性愛者の人権団体である科学人道委員会を設立するマグヌス・ヒルシュフェルトがこれまたドイツ人であることもまたこの流れがあってのことなのであり、さらにナチスドイツはユダヤ人と共に同性愛者をもガス室に送りましたが、それもドイツのこうした流れを把握しておく必要があります。

男色を扱った少女漫画で、もう一つの金字塔が、魔夜峰央《まやみねお》先生の『パタリロ！』（花とゆめコミックス、一九七八年～）です。連載は、一〇〇巻を超えて今なお継続中です。

主人公は、マリネラ王国の国王パタリロ・ド・マリネール八世ですが、副主人公とも言えるのが、イギリスのMI6に勤務するバンコラン少佐。「美少年キラー」の異名を持つ男色家です。見つめるだけで、どんな美少年も落としてしまいます。

そのバンコランと同棲《どうせい》するのがマライヒという美少年です。浮気性のバンコランに常に悩み苛立《いらだ》ちながらも、一途《いちず》にバンコランを愛しています。

子供の頃、アニメを観ていたとき、マライヒは女性だと思っていました。マンガでエッチシーンやオナニーシーンなどを見て、初めて男だと気付いたりしましたが……。

魔夜峰央『パタリロ!』

しかし、バンコランとマライヒには、ジルベールほどは感情移入できませんでした。なんででしょう……、マライヒがバンコランの浮気癖に悩まされても、二人は愛し合うことができるからだったんでしょう、恐らく。

どんなに相手が高嶺《たかね》の花だろうが、男女なら、告白だけでもすることはできます。もし告白がうまく行けば、誰に躊躇《ちゅうちょ》することなく、正々堂々と愛し合えることができます。しかし、私の場合は、それすらできなかった……。通常の男女が思い悩むことが、私からすればどれだけ恵まれていることだと感じていたことか……。

ですから、バンコランとマライヒを見て「美しいな……」とか「羨《うらや》ましいな……」とまでは思えても、それ止まりだったのです。自由は求めても、愛とは何かなどわからない、聞きようのない事柄、一生自分には無縁のことだと子供ながらに達観していたのです。

今の私には、愛する旦那《だんな》がいて、子供が産めない代わりに命にも代えがたい愛犬がいますし、何より自信と覚悟が生まれましたから、それに悲観したりすることはありません。ただ、当時は感情移入しようがありませんでした。

そんな二人はイギリスのロンドンに住んでいるのですが、そのイギリスで同性愛行為が非犯罪化されたのが、『パタリロ!』連載開始の約一〇年前の一九六七年のことでした。

とにもかくにも、性欲学が欧米においては、同性愛者を救うために用いられたという点はしっかりと押さえておくべきでしょう。

「同性愛=変態」は所詮《しょせん》一〇〇年の歴史

では、その性欲学が日本に輸入されるとどうなるのでしょうか? そこで、明治以降の日本における男色の歴史の流れと、イギリスとの違いを見ていきましょう。

［その一］日本では、文明国の仲間入りを果たすために鶏姦罪を設けましたが、ナポレオン法典に基づいてボアソナードの提言を受けて廃止しました。つまり、犯罪ではなかった日本と犯罪だったイギリス、まずはここが相違点です。

［その二］イギリスでは、「ソドミー（男色）」という用語を口にすることさえ憚《はばか》られる風潮がありました。現にワイルドは、「サイコロジー」という隠語を用いています。しかし、日本においては、そんな風潮などなかったことは、坪内逍遥や森鷗外などの文豪の小説を見ても明らかでしょう。

［その三］異性装への罰則の厳格化で女性的男色は衰退していましたが、薩摩や土佐の男色の中央への流入によって、男性的男色はむしろ学生たちに蔓延し、学内のみならず、学外においても乱暴を働く連中がいました。そうした風潮に反発したのが河岡潮風でした。つまり、当時の日本では、イギリスのようなキリスト教の影響など関係なく、自然と男色への忌避が起きていたわけです。

そんな、ただでさえ男色に冷たい視線が集まっているところに、「同性愛者は異常で変態的行為である」という性欲学が入ってきたのです。そうすると、どうなるでしょうか?

多くの人たちは、「オレたち、私たちが忌避する男色は、実は同性愛と言って変態的な行為なんだ!」と思ったのです、ストレートに。しかも、日本では男色は犯罪ではないのですから、そもそも男色を犯したからといって犯罪者にはならないわけで、性欲学が男色家を救う目的自体が存在しないばかりか、むしろ男色家（同性愛者）が社会の表舞台に立つことさえできない状況に置かれることになってしまったのです。

こうして、同性愛者は表舞台から去り、地下に潜って行きました。

そんな同性愛者たちが何を悩み苦しんだのかについて触れる前に、性欲学によって同性愛という新たな概念が生まれたことで、何が起こったのかについて見ておきましょう。それは大きく三つに分類できます。

［その一］男色とは、これまでも見てきた通り男性間の恋愛を表す概念でした。その一方で、女色とは男女の恋愛を表しており、女性間の恋愛に関しては、古来から存在しないわけは絶対にないのですが、男色や衆道のようにシステム化されて文化にまで昇華するような過程が存在しませんでした。しかし、同性愛という概念が生まれたことで、男性同性愛（ゲイ）と女性同性愛（レズビアン）にカテゴライズすることが可能になりました。

［その二］クラフト＝エビングは『変態性慾心理』の中で「同性色情を主とし、なお、異性色情の痕跡《こんせき》をも存するもの」と言っていますから、両性愛（バイセクシャル）というカテゴライズも生まれます。ちなみに男色では、細川政元のような例外を除いて、今まで出てきた人たちは、大抵はバイセクシャルです。

［その三］男色や衆道においては、基本的に「年長者や目上の者＝念者、年少者や目下の者＝若

衆」でした。それは古くは藤原頼長も、目上の頼長がヤられる側になったときには「失礼なことをされた！（「彼人始犯余、不敵々々」）」と倒錯的に感じていることを『台記《たいき》』に書いていることでも明らかですし、徳川家光が風呂場でイチャついていた小姓を手打ちにしたときも、『徳川実記』に「是主君《これ》を犯し奉《たてまつ》る天罰」とあることでもわかります。しかし、クラフト＝エビングは「或は受動的に、或は他動的に」としていますから、そうした念者と若衆という概念自体が当てはまらないことも起こるようになりました。

要するに、今現在、多くの日本人が思い描く同性愛像が完成したのがこの大正時代なのであり、そうした同性愛像は、二六八一年の我が国の悠久の歴史の中のわずか一〇〇年程度に過ぎないということをここでは押さえておいてください。

地下に潜った同性愛者たちの悩み

大正時代、性欲学は一大ブームとなり、そのブームに乗って性に関する雑誌が出され、その数は実に一〇誌以上に及びました。その中の一つに、一九二二年、田中香涯《たなかこうがい》による雑誌『變態性慾《へんたいせいよく》』が発刊されます（第八章の扉の写真）。『變態性慾』は、「東京朝日新聞」の一九二二年五月三日朝刊一面に広告が出されるくらいですから、性欲学がいかにこの当時の日本でブームだったのかがわかります。

田中香涯（1874〜1944）

ただし香涯自身は、当時としては同性愛者には「其の性欲の異常」はあるとしながらも、それを除けば「全く身心の健全なることを認め」というような比較的同性愛者に寛容な人物でした。そのため、同時期に出された澤田順次郎の『性』には五六通の読者投稿のうち男性同性愛者からの投稿はわずか一通だったのに対して、『變態性慾』の読者投稿欄の一九二二年九月から一九二三年五月まで掲載された一六通のうち、実に一二通が男性同性愛者本人の綴《つづ》った投稿でした。もちろん「寛容」というのは、あくまでも当時の基準とすればということですので、そこは悪《あ》しからず。

この読書投稿欄には、同性愛者は変態であるという風潮の中で、地下に潜った男性同性愛者たちが悩み苦しむ姿があります。

悩みの第一は、やはり自らが同性愛者であるということを周囲に打ち明けられないということです。

　理解の無い多くの世の人の前で、その人としての「体面」を滅茶々々にしてまでも、有《あ》りの儘《まま》の自分をさらけ出す事は到底出来る事では有りません

（前川直哉『〈男性同性愛者〉の社会史』作品社、二〇一七年）

現代においても、自分がLGBTであることを告白することは大変なことで、そのことで悩んでいる当事者は多いですし、かく言う私も悩んだ時期はありました。また、他の投稿者には「私の住所姓名だけは、絶対に秘密に御願ひ致します」と書いているものもありますから、悩みを打ち明けたいが、住所氏名を公開されるのではないか？　と恐れる当事者の心境が伝わってきます。

悩みの第二は、周囲に打ち明けられないということは、当然ながら、恋愛相手を見付けることができないということになります。

偉大なる体格を有し男性的な人を愛します……若《も》しそんなことを告げて愛を求めれば、軽蔑《けいべつ》憎悪を以《もっ》て斥《しりぞ》けられ嘲笑《ちょうしょう》されると思ふと、日夜満たされざる欲望のために悩んで居るのです

男女の恋愛の場合、告白して振られるということは当然ありますが、まだ告白するという行為は行えます。しかし、その告白すらできないとなると、その苦しさは相当なものがあるのです。

トランスジェンダーのシンガーソングライター、中村中《あたる》さんに『友達の詩』という楽曲がありますが、その中に「手をつなぐくらいでいい、並んで歩くくらいでいい」という歌詞があります。そ

のくらいのことでさえ満足してしまう、いや、そう心に無理矢理にでも言い聞かせるという感覚だということです。これは、まさに私が『パタリロ!』のバンコランとマライヒに感情移入できなかったのと同じで、実は、私はカラオケ好きなのですが、いまだに一〇代の頃を歌った恋愛ソングには、深く共鳴できないのです。甘酸っぱい青春の想《おも》い出がありませんから……。

さらに悩みの第三は、結婚という問題です。

当事者の中には、自分が男性同性愛者でありながら、家族を悲しませたくない一心から女性と結婚する者も現れますが、この当時は大正デモクラシーの中で結婚は恋愛の結合によってでなければならないという考えも普及しており、その観点から、「それは恋愛結婚ではない!」として批判する者も現れます。その批判に対する反論です。

殊《こと》に良心的責任観念の力でもどうすることも出来ない先天的の不具者が、人間的に生きようとする努力が何で罪悪にならう

同性愛者も、自分が同性愛者であるという感情は持ちながら、同時に家族を悲しませたくない感情も当然持ち合わせているわけで、この反論は、そうした葛藤《かっとう》から出た叫びだと言えるでしょう。

そんなことから、「一生独身を貫こう!」と決心する当事者も当然出てきますが、そうなると、

今度は親兄弟や周囲から「なぜ結婚しないの?」と言われるのですから、元の打ち明けられない悩みに戻ってしまうというジレンマに陥ってしまうわけです。

こうしたことから出てくるのが、同性婚を望む声なのです。ですから、同性婚という問題は、家族や周囲に打ち明けられるようにするためと恋愛相手との幸福な生活を手に入れるために、何とか解決策を見つけ出そうとする中で生まれたのだということを理解するべきでしょう。

さて、田中香涯の『變態性慾』の読者投稿欄は、その母体誌の『変態心理』が一九二二年五月に発禁処分を受けたことで、終焉《しゅうえん》を迎えます。『變態性慾』の投稿欄は、当時の同性愛者たちにとっての自らの苦悩を訴えることができる貴重な場でした。しかし性欲学自体のブームの終焉によって、同性愛者たちの声を発する場は失われてしまいます。

さらに、『本朝男色考』の岩田準一も、一九三七年に男色研究の雑誌の創刊を企画しますが、支《し》那事変《なじへん》(日中戦争)の勃発《ぼっぱつ》で断念したことを南方熊楠への手紙に記しています。

明治に入って女性的男色が衰退し、明治後期から男性的男色も世間の冷たい目に晒《さら》され、大正時代に入ると、性欲学によって男色は同性愛に、そして変態というレッテルを貼《は》られて冬の時代に入りました。

しかし、たとえ表舞台から去っても、同性愛者たちが死に絶えたわけではありません。苦境に立たされながらも、地下に潜りながらも生きているのです。では、そのような逆境の中で、当事者たちはいかにして立ち向かっていったのでしょうか？

第九章

ＬＧＢＴが市民権を得るまで

——そして無知と軋轢《あつれき》

丸山（美輪）明宏（1935〜）

絶望が希望に変わったとき

時は一九八〇年代後半、昭和天皇のご病状が日々伝えられて自粛ムードが漂っていた頃、「体は男なのに心が女なのは世界で私だけ！」と思っていた私が『笑っていいとも！』（フジテレビ、一九八二年～二〇一四年）のMrレディーのコーナーを観て、「私だけではない！」と気付いたことはすでに述べた通りです。

それからの私は、新聞のテレビ欄を確認して、とにかくMrレディーやニューハーフ特集があれば、手当たり次第に録画しまくりました。深夜番組が多かったですから、親には「またヤラシイ番組録《と》ってるんでしょ！」と誤解されながら……。

それまでの私は、子供なのに人生に絶望し、将来の夢や希望も持てなかったのですから、将来の夢を持てたことに胸ときめいていたのは事実です、「いつか、こんなお姉さんのいる世界に行こう！」と。

しかし、ここまで読んでいただいて、こんな疑問が湧《わ》きませんか？「なんで、あんなに変態扱いされて、社会の表舞台にさえ立てない状態に置かれた人たちなのに、今では当たり前のようにオネエタレントとして活躍したり、繁華街に多くのゲイバーが存在しているのだろう？」と……。

これからは、そんな逆境を乗り越えた偉大な先人たちのお話です。

釜《かま》ヶ崎《さき》のオカマ

岩田準一の『本朝男色考』には「明治の御代《みよ》はザンギリ頭の時代であった。東京市街を鹿児島健児の横行闊歩《かっぽ》した時代であった。……薩摩隼人《さつまはやと》の男風が何時《いつ》しか浸潤していた。そしてかかる男風が勢いに任せて、危くそれまで余喘《よぜん》を保ち得てきた旧事の遺物をひとたまりもなく吹き払ってしまったのである」とありますが、これは薩摩の男色が明治に入って学生たちに浸透し、一八七三年の各地方違式詿違条例《いしきかいいじょうれい》によって異性装に罰則が設けられ、女性的男色が衰退し、陰間茶屋《かげまちゃや》の復活もあり得ない状況だったことを述べています。

ところが、責め絵師として有名な画家の伊藤晴雨《いとうせいう》と医学博士の比企雄二が『第三の性』（一九五七年）で対談した内容を見るとこう言っているのです。

伊藤　例えば、一例を言いましょう。書いてもいいんだがね。一つだけ。中車《ちゅうしゃ》（七代目市川中車）の弟子に柏枝という人がある。この人はね、歌舞伎座で四十円取っておった。

比企　いつ頃の話ですか。

伊藤　大正年間に歌舞伎座で四十円。島田を冠って「られましょう」だけしか……

（礫川全次編『男色の民俗学』）

逮捕された男娼（『読売新聞』1937年3月28日付）

つまり、同性愛が変態として逆風を受けていた大正時代に、歌舞伎の女形《おやま》が一人の客だけで四〇円（現在の価値で約一六万円）稼いでいたと言うのです。

それを証明するように、一九三一年に発刊されながら、その翌日には内務省から発禁処分を受けた小説がありました。それを『エロ・グロ男娼《だんしょう》日記』（流山龍之助著、三興社、一九三一年）と言います。

この物語の主人公の愛子は、浅草六区近くに住み、当時流行していたモガ（モダンガールの略）の恰好《かっこう》、つまり女装して売春をしていました。まさに男娼（男性売春夫）です。

あるときは、「旦那《だんな》いかがです?」と声かけてみると、それが私服警察官で留置場に入れられたりもしました。収入は六円ですから、今の価値で約二万四〇〇〇円とすると、なかなかの稼ぎです。

これは、当時の新聞記事にも、ほぼほぼ同様の内容が載っていますから、事実としてあったことでした（三橋順子『女装と日本人』）。

実はこの当時は、男娼に限らず、女性売春婦（娼婦）にも受難の時代でした。皆さんも江戸時代に公娼《こうしょう》制度があって吉原が栄えたことはご存じだと思います。それは明治になっても変わらなかったのですが、明治、大正時代にはキリスト教団体の日本キリスト教婦人矯風会《きょうふうかい》、日本救世軍などが娼婦を奴隷と規定して廃娼運動を展開していました。

救世軍や矯風会の公娼廃止運動が活発になってゆく蔭《かげ》で、東京では芸者を中心とした花柳界や盛り場を中心として、私娼がどんどんその勢力を張ってきた

（原浩三『売春風俗史』鱒書房、一九五五年）

確かに、誰でもかれでも望んで公娼になったわけではないでしょうけれども、かと言って、一律に「奴隷」と規定するのも乱暴な話で、望んで娼婦になった者や、今さら他で生計を立てられない者たちは、当然、私娼になるのです。そんな私娼たちが東京の浅草や早稲田、亀戸《かめいど》に大量に発生し、一九一六年には警視庁が風俗取締りをし、特に目立つ、通称十二階と呼ばれた浅草凌雲閣《りょううんかく》の私娼《ししょう》窟《くつ》（十二階下と呼ばれました）を壊しにかかります。

しかし、彼女らは隅田川を渡り、玉の井《たまのい》（東京都墨田区）と亀井戸（台東区亀戸）が、敗戦まで東京の私娼窟となっていきました。そして、まさにこれと同時期に、男娼が登場するのです。

それは今でも全国的に有名な寄せ場および簡易宿所が集中する「あいりん地区」のある大阪の

釜ヶ崎（大阪市西成《にしなり》区）にも存在していました。それは当時、大阪で新聞記者をしていた漫画家の富田英三も書いています。

釜ガ崎…大阪の南部、新世界から南へ、飛田遊廓《とびたゆうかく》（これも今は名ばかりだが……公娼廃止になってからは）へ通ずる道の右手にひろがる、そこは名だたる貧民街だった。今でも、この辺りは、くもの巣のような露路とどぶの街だが、昭和の前期は、文字どおりに、落伍《らくご》した人生のはきだめだった。……そして、夜のそこは、よれよれの着物を着て、お化けのように白粉《おしろい》を塗り上げた淫売婦《いんばいふ》と、男娼の巣でもあった。男娼……おかま……は、女の売春婦の数を遥《はる》かに越えて三百人にも余ったろうか

（富田英三『ゲイ』東京書房、一九五八年）

まさに最底辺の社会です。江戸時代であれば、陰間として流行の最先端を行っていた人たちが、今やオカマとして最底辺にいたのです。引き続き、富田の『ゲイ』から見てみましょう。

「齢《とし》くったら、どうするんや?」僕はよくいったっけ。と、そんな連中は「誰もが自殺だわね。それともトーさん〈富田のこと〉心中してくれはる?」うんとうなずけば、ほんとに僕を殺し

かねないのが、その頃の男娼だった

「齢くったら」とは「自分に売春するための商品価値がなくなったら」という意味です。もしオカマたちの売春行為が見付かれば、当然、警察に検挙されます。このときのオカマの身元引受人が富田でした。そんな姿を見て富田が「お前、正業にかえれよ」と言うと、オカマは「だって、この商売をやめて、どないして暮らして行けると思ってはるのん？　かっ払いか、こそ泥でもしなきゃ……」と答えます。

富田英三（1906〜1982）

ここは、少し説明が必要でしょう。富田は自身について、「〈僕は〉それほどの男色主義者でもない」と言ってますが、それはそうでしょう。確かに富田が、オカマたちのために親身になって男として働けと言っているのは事実です。

しかし、皆さんも考えてみてください、もし皆さんが「体は男性でも心が女性」だったとして、男性として生きていくことができますか？　現代とはかけ離れた差別された環境の中でさえ、男性として裕福に生きるよりは女性としてここで死ねる方が何億倍もマシなのです。それは、もし当時私が釜ヶ崎にいたとしても同様に答えたでしょう。

要するに、これが当時とすれば、驚くほどの理解者だった富田でさえわからない所だったわけですし、富田が男色主義者ではないという何よりの証拠です。もちろん、当時、富田の存在がどれだけオカマたちの心の支えになったかと思うと、私は感謝の言葉しか出てきませんが……。

ノガミの男娼と警視総監殴打事件

富田英三は、大東亜《だいとうあ》戦争（太平洋戦争）開戦前に東京に移り住みますが、そこに釜ヶ崎のオカマ、おしげとユリがやって来ます。

「大阪はやばくて商売になりませんの、東京で働けないかしら……」とやってきたのである。おかまの身の上相談さ――しかたがなかった。大阪時代からのゆきがかりだった。よせばいいのに、僕は、上野近くの、万年町《まんねんちょう》に家を見つけてやった……そして、おしげとユリを万年町にすまわせたのが、その後の、戦後三四年の、あの上野の森の男娼時代を招いたのだから……わからないものである

「万年町」とは、今の東京都台東区北上野二丁目で、芝新網町《しばしんあみちょう》、四谷鮫河橋《さめがはし》と並んで東京の貧し

い人々の住む町の一つでした。そして、この万年町から上野駅の高架橋を越えた先にあるのが、上野公園です。オカマたちはここで売春を始めるのです。

大阪の釜ヶ崎から上野の万年町に越して来たオカマたちは、「ノガミの男娼」と呼ばれました。上野を転じているからノガミです。そして、これが富田の言う「上野の森の男娼時代」でした。

そんなオカマたちが、戦後まもなく、大事件を起こします。一九四八年一一月二三日付の「毎日新聞」から概略を言います。

一一月二二日の午後七時頃、田中栄一警視総監が上野公園を巡回していると、男娼の一群に出くわし、警視総監に同行していたカメラマンがカメラのフラッシュをたいて撮影を始めた瞬間、その男娼の一群がカメラマンのカメラを奪おうと大騒ぎになります。恐れをなした警視総監が西郷隆盛像まで退散後に再び戻ると、十数人に膨れ上がった男娼の集団にカメラマンがやられるついでに警視総監まで頭を殴られる暴行を受けてしまいました。

唐十郎作・蜷川幸雄演出
『下谷万年町物語』(2012年)

ちなみに、富田の証言によると、この田中警視総監の頭を殴った男娼も、「僕を頼って大阪から来たオカマだった筈《はず》」なんだとか……。

この事件は、唐十郎さんの『下谷万年町物語《したやまんねんちょうものがたり》』（中公文庫、一九八三年）として戯曲化もされていますが、貧困と差別の中で起こった事件であるとも言えるのではないでしょうか。なんであれ、暴行を容認することは一切できませんが……。

ところで、「オカマ」とは、どこから来た言葉なのでしょうか？

実は、これが諸説あってよくわかりません。「お尻《しり》を表す俗語だったから」という説もあれば、「陰間から来た」という説もあり、さらに「女形から」という説もあります。

一九四九年にノガミの男娼について書かれた角達也の『男娼の森』という小説には、「上野の男娼たちは釜ガ崎の頭文字から出た呼び名」だと信じていたとあり、「大阪の方が本場」だと思っていたようです（鹿野由行「男娼のセクシュアリティの再考察：近代大阪における男娼像の形成とコミュニティの変遷」「待兼山論叢』49、大阪大学、二〇一五年 https://ir.library.osaka-u.ac.jp/repo/ouka/all/61356/）。

さすがに釜ヶ崎が語源だというのは無理がありすぎると思いますが、少なくともノガミの男娼が大阪の釜ヶ崎がオカマの語源だと信じていたということと、本場を大阪だと思っていたことは事実でしょう。

釜ヶ崎、そしてノガミの男娼は、元はどのような職業が多かったのでしょうか？『第三の性』

の伊藤晴雨と比企雄二の対談ではこう言っています。

伊藤　残念ながら軍人にありますね。
比企　陸軍ですか、海軍ですか？
伊藤　主として陸軍です。海軍のほうが女性的なものですけれど、海軍より統計的にゆけば、陸軍のほうに多いんじゃあないかと思いますね。
比企　で、やはり下士官ぐらいのクラスですか？
伊藤　軍隊にいたころやられた人があの職業的になるのですね

（礫川全次編『男色の民俗学』）

オカマになるのが軍隊出身者であるのは、これまでを振り返れば納得がいくと思います。二〇一二年に亡くなられたゲイボーイ（ニューハーフ）界の大御所の「青江」のママ（青江忠一）は、当時たまたま万年町に住んでおり、『地獄へ行こか 青江へ行こうか』（ぴいぷる社、一九八九年）の中で、当時のノガミの男娼について「その頃、万年町にオカマがいっぱい住んでいて、あたしが行く銭湯にもよく来ていたわね。……連中が風呂に入ってくると『なんだあいつら汚えなあ』ってコソコソ言っている声が聞こえてくるの。汚いだけじゃなく、下品で耐えられないオカマばっかり」（伏見憲明『ゲイという［経験］』ポット出版、二〇〇二年）と書いておられますが、この青江のママも、やはり軍隊帰りでした。

そして、私が子供の頃にビデオのテープが擦り切れるまで観ていた当時の番組でも、多くの軍隊出身の方が出演しておられましたし、戦争孤児の方もおられました。多くの方々が必死に戦後を生きていたとき、オカマたちも生きることに必死だったのです。

男娼の消滅とニューハーフクラブの誕生

警視総監がノガミの男娼に襲撃された事件（警視総監殴打事件）は、警察のメンツに関わる事件でした。そのため、警察は上野公園を徹底的に取り締まり、翌一二月には夜間立ち入り禁止措置まで取られます。つまり、ノガミの男娼は強制的に上野公園から追い出されることになったわけです。さすがに殴打事件まで起こしてますから、当然の措置だとは思いますが……。

こうして上野公園から追い出されたオカマたちは、その後、どうなったのでしょうか?

一九五二年の『人間探究』には「東京街娼分布図」という娼婦と男娼のマップがあります。これによると、娼婦は、上野駅周辺から上野広小路にかけて一三〇〜一四〇人、それに対して男娼は、都電山下停留所から不忍池《しのばずのいけ》にかけて約六〇人いたそうですが、その後、徐々に数は減ったそうです。

さらに有楽町辺り（東京都千代田区）では、銀座はパンパン（特に占領軍相手の娼婦）が占めていましたが、東京駅（丸の内側）から有楽町駅にかけては、パンパンと男娼との混在だったようです。

さて、では現在はLGBTのメッカとなっている新宿二丁目を抱える新宿はどうだったのかと言うと、娼婦が一〇〇人ほど存在したのに対して、実は当時は男娼はわずかに一〇人程度しかいませんでしたし、それは新宿二丁目ではなくその周辺でした。その謎については後ほどに回しまして、とにかく、上野公園を追い出された男娼たちは、東京の各地に分散せざるを得なくなったのです。

その後、一九六四年に開催された東京オリンピックによる東京浄化運動の影響で、こうした男娼は、一気に姿を消して行くこととなりました（三橋順子『女装と日本人』）。

その一方で、戦後に入ると、ゲイバーの中でもニューハーフクラブの元祖も生まれます。それが一九五〇年にオープンした「やなぎ」という店で、新橋烏森《からすもり》神社の境内（東京都港区新橋二丁目）にありました。

店主のお島さん（島田正雄）は、満洲で終戦を迎えた後、帰国して、当初はカレーやカツ丼を出すバーとして始めたのですが、薄化粧で接客したために、進駐軍兵士たちに人気が出てゲイバー化していきました。

そこでは進駐軍の将校たちとの売春も行われていたそうで、青江のママも、そして後にゲイバー「ボンヌール」（後に「吉野」）を開店させる吉野のママ（吉野寿雄）もやなぎで働いていたのですが、その吉野のママは「一晩に五人もとっかえひっかえでやったことあるわ。一回十ドルよ。三千六百円。でもそのうちあのがめついやなぎのババアが二千円とるから私は千六百円なのよ」と言っています（伏見憲明『ゲイという［経験］』）。

その後、サンフランシスコ講和条約締結によって進駐軍が日本から去ると、やなぎは高級クラブに転換し、青江のママや吉野のママが独立し、さらに全国に、今のニューハーフクラブが拡がっていくこととなりました。

ですから、やなぎのお島さんは、私が『笑っていいとも！』でMrレディーに出会うきっかけを作ったということもさることながら、多くのオカマにとっての偉大な先人となります。

男性同性愛者の出会いの場としてのハッテン場

私が高校生の頃は、「女として生きていこう！」と心では決めながらも、「親には迷惑掛けられない……」という葛藤に悩んでいた時期でもありました。そんなときに、今から考えれば安易な話ですが、「だったらホモとして生きれば良いじゃん！」と考えて、ゲイ雑誌を恐る恐る覗《のぞ》いたことがあります。ちなみに、当時はホモという用語は普通に使われていました。

この行動自体は、私自身、今でも本当に安易だと思います。しかし、第八章の当事者の声を思い出してください、当時の私の心理としては、家族のために必死に考え付いた結論ではありました。

しかし、いざ、怖いもの見たさで覗いた瞬間、強烈な違和感を感じたのです。

別に、昔も今もゲイに対する差別や偏見はありませんし、あればそもそもゲイ雑誌を手には取りませんし、少女マンガのボーイズラブの世界は大好きでしたし。しかし、少女マンガで見る世界とは違う現実の男が男を愛するという世界を垣間見《かいまみ》た瞬間、「私の世界ではない！」と感じたことは事実です。そして、自らの安易さを恥じ、「自分が女として男は愛せるが、男として男は愛することはできない！」と再認識したわけです。

ここからは、そんな男性同性愛者のお話です。

田中香涯の『變態性慾』の読者投稿にも出会いを求める投稿がありましたが、その男性同性愛者の出会いの場となったのが、ハッテン場と呼ばれるものでした。そのハッテン場が戦前からあったことは、江戸川乱歩の小説『一寸法師』（一九二六年）にも出てくることからわかります。

さらに、三島由紀夫の『禁色《きんじき》』には、日比谷公園（作中では「H公園」）でのハッテン場の様子が描かれています。

彼は便所の湿った仄暗《ほのぐら》い灯下へ入った。斯道《しどう》の人が「事務所」と呼んでいる所以《ゆえん》のもの、――この種の事務所の著名なものは東京に四、五個所存在するが――……そこにはこの時刻にしてはやや多すぎる人数の十人足らずの男が、そっと目を見交わしていたのである。……昼間や日暮

三島由紀夫（1925～1970）
自身も著名なゲイである。

れ前にこうした公園の裏手の小径《こみち》を腕を組んでそぞろ歩く恋人同士は、数時間後の同じ小径が、全く別の使途に供せられていることを夢にも知らない。

（三島由紀夫『禁色』新潮文庫、一九六四年）

日比谷公園内にある「事務所」と呼ばれる公衆トイレが彼らの出会いの場であり、昼間の状況とは一変していることがわかります。

「内外タイムス」一九五二年二月九日付によると、「ここでだれか自分たちを愛してくれる男性のくるのを待っているのだ、お値段は二、三百円からとのことだが、茂みや木かげを利用するのから、〝ご同伴〟？　で温泉マークにゆくのまであるという」とありますから、ここにおいても売春が行われていたわけです。ただし、ここはオカマではなく男性同性愛者のですが。

さらに、「某官庁のお役人がうっかりここで出合ったあるホテルのボーイに〝受身〟で〝可愛がられた〟あとで『バラすぞ』とたかられたという噂もある」とありますから、かなりたちの悪い連中もいたようで……（伏見憲明『ゲイという［経験］』）。

このように、公園のハッテン場ではさまざまな問題も起きていたわけですから、当然、警察から追われることもあります。前記のような脅しはそれも当然のことですが、しかし、そうではない純粋に出会いを求める男性同性愛者もいるわけで、それはこうした形でしか出会いを求めることができないからでした。

そうした中で施設としてのハッテン場の第一号が生まれます。場所は、オカマたちがいた大阪の釜ヶ崎と飛田新地の間の西成区太子二丁目にあり、竹の家旅館と言いました。

伏見憲明先生の『ゲイという［経験］』によると、「中島のおじいちゃん（竹の家旅館の初代経営者）は、ハッテン場なんかで、この世界の人たちが警察の人に追われていたりする様子を見て、これを思いついたんじゃないですか？」と三代目の経営者の女性は仰《おっしゃ》っておられたようで、公園のような屋外のハッテン場で警察に追われる男性同性愛者のために作られたのが、施設としてのハッテン場であったわけですが、残念ながら、今は廃業しておられます。

私もニューハーフクラブで働いていたときに何人かの男性同性愛者からいろいろ話を聞きましたが、やはり屋外の公園のようなハッテン場は危険だし不潔だとのことでした。そうしたことからも、施設型のハッテン場は、彼ら男性同性愛者にとっては安全面と衛生面からも必要であり、竹の家旅館の経営者の方も、また偉大な先人の一人と言えるでしょう。

伝説のゲイバー「ブランスウィック」

私が初めて美輪明宏さんをテレビで観たのは、いつでしょうか……。記憶があるところでは、所ジョージさん司会の『それいけ!!ココロジー』（読売テレビ、一九九一年〜一九九二年）で、「体が男や女に生まれたのに、なぜ脳が逆の子供ができるのか?」というテーマだったと思います。

そのテーマに惹《ひ》かれて録画したものの、「この人は誰だろう?」と、子供心に強烈に印象に残ったものです。それから興味を持った私が調べると、何の本だったかは記憶しませんが、大型本に美輪さんがドレス姿で唄《うた》う若き日の姿を見付けました。キャプションには「シスターボーイ丸山明宏」の文字……（第九章扉の写真）。

美輪明宏さんは一九三五年に長崎で生まれ、一九四五年八月九日の長崎への原爆投下で一〇歳のときに被爆します。

戦後、音楽に出会った美輪さんは、アポロと呼ぶ男性に恋に落ちますが、そのアポロと美輪さんが相合傘で楽しく歩いていても、それを見た女学生の反応は「あの人達Bよ。でも綺麗《きれい》ね」というもので、こうしたところが男色文化の盛んだった九州の風土というものだったのでしょう。少なくとも、私の生まれた広島の田舎ではこんな反応はなかった……。

さて、音楽学校に入学するために上京した美輪さんは、ある日新聞の「美少年募集」という広告を見付け、その募集をしている銀座に向かいます。

その店は難なくわかった。当時としては珍しく、一階から二階まで、表一面ガラス張り、そのガラスには、さぼてんなどの絵がCoffeeという文字と共に大胆な原色で書きなぐられていた。……南米風に造作された店の模様にふさわしいマスターは、コールマン髭《ひげ》で、ラテン系の混血らしい太った四十男だった

（美輪明宏『紫の履歴書―新装版―』水書坊、一九九二年）

このお店とマスターについては、三島由紀夫の『禁色』にも書かれています。

有楽町の一角にあるルドンというこの凡庸な喫茶店は、戦後に開店していつかしらその道の人たちの倶楽部になったが……店主は二代前の混血を経た四十恰好《かっこう》の小粋《こいき》な男である。みんながこの商売上手をルディーと呼び慣わしている

この「ルドン」のモデルとなったのがブランスウィックという銀座尾張町（中央区銀座五丁目）にあった店で、「ルディー」のモデルになったのが、ケリーこと野口清という人でした。

このケリーは、戦前にブラックバードという店を開いており、このブラックバードは、なんと日本のジャズ喫茶一号店でしたから、三島も言う通りの商売上手だったことがわかります。バイトを申し出た美輪さんをケリーは採用します。そしてそこで美輪さんは、この店に来るのが男の客ばかりであり、「ここは少年のハーレムだったのだ」と気付きます。

そこで美輪さんは嫌悪感を抱くのですが、その嫌悪感とは……。


客達は、自分の家庭や仕事関係に、そういう性癖が知られることを極度に怖れて、斬首刑《ざんしゅけい》を前にした大昔の支那《しな》の罪人のようだった。……男も人間ならば、女も人間とすれば、男が女を愛し、男が男を愛し、女が女を愛しても、神の目から見れば、それはただ、人間が人間を愛しているだけではないか

私も成長するにつれて、この言葉の意味がわかりましたし、今は全く同感です。しかし、私も幼少期にはそこまで強くはなれませんでした。そして、それはブランスウィックに集《つど》う客たちも、そして今の多くの当事者たちも同様であり、美輪さんが若くしてそこまで強かったのは、やはり九州という風土が大きく作用していたのでしょう。

そして、このブランスウィックというゲイバーもまた、竹の家旅館のような性交渉を行う場所で

はないにせよ、一種の施設型ハッテン場でもあり、それは美輪さんも、札束で売春を求められて「何ですか、こんなもの！」と不快感を示す場面があります。

当時、ブランスウィックで働いていた一人が、映画『火垂《ほた》るの墓』（スタジオジブリ、一九八八年）や初期の『朝まで生テレビ！』（テレビ朝日、一九八七年～）に出演していたことでも有名な野坂昭如《のさかあきゆき》で、「客の一人が酒をおごるといって僕を連れ出し、……突如、キスを迫られた」と雑誌『エロトピア』の中で言っています（伏見憲明『ゲイという［経験］』）。

『禁色』の中でモデルとした三島由紀夫も常連だったというブランスウィックのケリーも、現在のゲイバーの原型を作ったという意味で、偉大な先人たちの一人に加えられると言えます。

LGBTのメッカ新宿二丁目はどのように生まれたのか？

私が初めてゲイバー（ここで言うゲイバーとは、ニューハーフクラブではなくホモバーのこと）に客として行ったのは、二〇代前半のことです。

ゲイバーにも二種類ありまして、これまで見たように、ゲイバーには男性同性愛者の出会いの場、つまり施設型ハッテン場としての役割もありますから、そうした形態のお店では、私のような者でもお断りされることも多々あります。これはお店側が男性同性愛者以外を差別しているのではなく、来店される男性同性愛者のお客様のプライバシーを守るためですから、そこは当然、私たちが配慮すべきなのです。

それに対して、ゲイバーでも観光バーと呼ばれる形態のお店では、私も含めた一般の男女のお客様も来店できます。

オカマの私でさえ、実際の男性同性愛者の方に会うまでは「どんな人たちだろう……」と不安に思っていたくらいですから、ほとんどの皆さんの不安は、それ以上かも知れません。

しかし、実際に話してみると、普通の人たちであり、私たちとも何ら変わらないことがわかります。そんなことは少し考えてみれば当たり前のことなのです、恋愛対象の違いを除けば、誰とも変わらない同じ人間なのですから……。

ゲイバーという呼び名自体は戦後なのですが、ブランスウィックの前にも、戦前からその前身となるお店はありました。それは一九三一年八月の『犯罪科学』にも書かれています。

新宿駅前を東大久保の方へ向って行ったとある横丁に、ささやかなバアがある。あくどい花の名前のバアだから誰でも審《しら》べようと思えば直ぐ判《わか》る。そのバアは、曽我廼家五郎《そがのやごろう》一座の女形某が経営しているもの。斯《こ》う書き出せば、もう其処《そこ》が隠れたる男色の組合の一角だということが分ろう

（伏見憲明『新宿二丁目』新潮新書、二〇一九年）

曽我廼家五郎は、喜劇の祖とも言われ、彼の死後に結成されたのが藤山寛美《ふじやまかんび》などで有名な松竹新喜劇です。その曽我廼家五郎一座は、現在の新宿三丁目の大塚家具新宿ショールームとなっている場所にあった新宿新歌舞伎座で公演してましたから、そこの女形が店を出していても何も不思議はありません。

伏見憲明先生によれば、それは現在の東京都新宿区新宿六丁目辺りにあった「夜曲」という店か、新宿区歌舞伎町の「ユーカリ」という店だろうと推測されています。「あくどい花の名前」とありますから、恐らくはユーカリだと私は思いますが。ちなみに、ユーカリには江戸川乱歩と萩原朔太郎《はぎわらさくたろう》が一緒に来店していたことが萩原の「江戸川乱歩宛書簡」一九三一年一〇月一六日にあります。

しかし、今のLGBTのメッカ、新宿二丁目に夜曲もユーカリも出店していないのはなぜでしょうか？　ここからは、そんな新宿二丁目の歴史です。

江戸時代、江戸の日本橋を起点とする東海道・中山道《なかせんどう》・日光街道・奥州街道、そして甲州街道の五街道がありました。

一六八九年、つまり五代将軍徳川綱吉の時代に、そのうちの甲州街道の宿場として内藤新宿《ないとうしんじゅく》が設けられます。これを請願したのが、浅草の商人の高松喜兵衛なのですが、彼はここに遊女屋を置こうとしたのです、陰間茶屋ではなく。当時は、吉原以外は公式には遊女は置けませんので、遊女を「彼女は飯盛女《めしもりおんな》です」とカモフラージュして。

こうして、内藤新宿は栄えるのですが、徳川吉宗《よしむね》の享保《きょうほう》の改革で幕府の取り締りを受けて寂《さび》れ、また田沼意次《たぬまおきつぐ》の時代に復活することとなります。

明治以降もいろいろありながら、一九一八年には警視庁から街道沿いにあった遊廓（当時は貸座敷と言いました）の移転を命じられ、集められた場所が、今の新宿二丁目の場所になります。ちなみに、ここには、元は芥川龍之介の父が経営していた牧場がありまして、その悪臭に苦情が出たことでこの牧場が立ち退いた跡地でした。

こうして一九二二年、新たに新宿遊廓が誕生し、翌年の関東大震災で新吉原が被災したこともあり、ますます新宿遊廓は繁栄していきますが、一九四五年五月の東京大空襲によって新宿遊廓は焼け落ち、終戦を迎えます。

一九四六年、ＧＨＱから公娼制度廃止の覚書が出されます。要するに、この時点で公娼は存在しなくなりました。しかし、警視庁は集娼地域を設けて特殊飲食店としての営業許可を出しました。簡単に言うと、店側は場所を提供するだけで、私娼がそこで自由恋愛をするという形にしたのです。

初対面で男女が恋愛してはいけないという法律などありませんし、恋愛相手にお金を渡してはいけないという法律も存在しようがありませんから、要は「男女の恋愛に店は関与しないですよ」という建前が成立したわけです。この許可された地域を赤線、無許可の地域を青線と言ったのですが、新宿二丁目はほぼ赤線地帯だったのです。

ですから、ノガミの男娼が上野公園を追い出されたときに、新宿二丁目には男娼が存在しなかったのは、当時の二丁目は赤線地帯だったからです。

そして、夜曲やユーカリといったゲイバーが二丁目に存在しなかったのも、これと同じ理由となります。

そんな新宿二丁目がLGBTのメッカになるそもそものきっかけは、一九五一年にオープンした一軒の喫茶店で、その名を「イプセン」と言い、マスターは一九一〇年、広島県呉《くれ》市生まれの松浦貞夫といいました。

ただし、このイプセンも、開店場所は新宿二丁目ではなく、二丁目と三丁目に接する場所で、俗称「要町」と呼ばれていました。

これは、歌手の美川憲一さんも「三丁目って所は、あの頃からわりとゲイバーが多くてね、今でこそ二丁目が、ゲイバーのメッカみたいに言われているけど、ゲイバーは三丁目の方が先」（伏見憲明『新宿二丁目』）と仰《おっしゃ》ってまして、このイプセン

新宿二丁目の赤線地帯

の開店によって、一気に要町にゲイバーが誕生して行くようになるのです。

さらに、イプセンの開店三年後の一九五四年に前田光安の「蘭屋」がオープンしますが、その場所が新宿三越の裏の第一劇場という映画館の隣りなのですが、この第一劇場の前身が新宿新歌舞伎座、そしてここはハッテン場の一つでした。

こうして、次第に二丁目の周辺にゲイバーが生まれ、男性同性愛者たちが集まってきた中で、一九五八年四月に売春防止法の罰則が施行され赤線が廃止されました。遊廓としての新宿二丁目の繁栄に終止符が打たれます。

さらに、この当時、新宿に程近い権田原（東京都港区）も、「花の吉原、男の権田原」とまで言われるほどの有名なハッテン場でしたが、一九六四年の東京オリンピック開催に伴う東京浄化運動によって、権田原付近の公衆便所は柵《さく》で封鎖され、街灯も整備される中で、多くの男性同性愛者が行き場を失ったのです。

この二つのマイナス要素が重なったことで、男性同性愛者たちが新宿二丁目に集まり、そして多くのゲイバーが開店するようになり、現在のＬＧＢＴのメッカが誕生したのです。

ＬＧＢＴをイデオロギーで語る虚《むな》しさ

電通が二〇一八年に調べたところによると、一一人に一人がＬＧＢＴ当事者という結果であるそうです。

古代からLGBTが存在したことは、「記紀神話」からも明らかでしょう。

そのうちの男色が、平安時代に女色のできない僧侶《そうりょ》の言い訳作りとして真言宗と天台宗の仏教寺院から始まり、文化にまで昇華しました。

その男色文化が、院政期に貴族社会に拡がり、男色ネットワークという勢力拡大の武器として使われました。

さらに院政期から鎌倉時代にかけて男色文化が武士社会に拡がり、さらに室町時代には庶民社会にまで拡がりました。

戦国時代に入ると、男色は衆道《しゅどう》として華道や茶道と同様に道となり、精神的な結び付きが重要視されました。

しかし、江戸時代に入ると、武士の男色は泰平の世においては殉死などの問題を引き起こし、徐々に衰退していきます。ところが、庶民社会においては歌舞伎や陰間などによって、逆に最高潮に達します。武士の男色は、薩摩や土佐といった幕末の雄藩に生き残り、彼らが倒幕の原動力となって行きます。

明治時代に入ると、文明国の仲間入りを目指すために、女性的男色は否定されましたが、男性的男色は、学生たちに生き残りました。

しかし、そんな学生たちの男色が社会問題となって忌避されるようになると、大正時代に導入された性欲学によって、男色は同性愛に、そして変態と見られるようになりました。

そんな逆境の中でも、同性愛者たちは挫《くじ》けず立ち上がり、ハッテン場、ゲイバー、新宿二丁目といった新たな文化を産み出して現代に至るわけです。

ところで、LGBT活動家の皆さんは、日本のLGBTへの取り組みが遅れていることを指摘されるとき、常々「欧米では……、国連では……」と仰います。

しかし、大事なことなので何度でも言いますが、男色が同性愛になり、変態となったのは、わずか一〇〇年です。そして、そのきっかけとなった性欲学は、その欧米のキリスト教社会における特殊性から生まれていました。その特殊性を考慮せずにそのままストレートに導入したからこそ、日本の男色は同性愛となり変態となって地下に潜らざるを得なくなったのです。

各国には各国の事情があり風土があります。それを考慮せずに採り入れた結果が現在まで影響を与えているのです。

一例をご紹介しましょう。

自民党の杉田水脈《みお》衆院議員が「LGBTには生産性はない」と『新潮45』の二〇一八年八月号に寄稿したことで批判されたのは記憶に新しいところです。杉田議員の論文自体には細かなところに異論はありますし、「生産性」という文言を使うのは余計かと思うものの、私は余り批判的ではありません。

当時、「生産性」という言葉が独り歩きして批判されていましたが、フェミニズムの大家である上野千鶴子氏の過去の発言の方がよっぽど酷《ひど》いものです。以下の通りです。

「私は、性に内在するヘテロ指向性を重視する。そしてこの見地からホモセクシュアルを『差別』する。種は、繁殖のためには異質なものとの交配（ヘテロセクシュアル）によるほかないという逆説を、人類におしつけた。だから同性どうし（ホモセクシュアル）のカップルを、法律は決して夫婦と認めないし、因循《いんじゅん》な法同様私じしんも、ホモセクシュアルは多様で自然な愛のかたちの一つにすぎないという、ものわかりのよさそうな意見に与《くみ》しない。なぜならホモセクシュアルは、繁殖に結びつかないばかりでなく、異質なものとの交配という種が強いた自然を、心理的に裏切ろうとする試みだからである」とまで仰っているのですから（上野千鶴子『女という快楽』勁草書房、一九八六年）。

『新潮45』2018年10月号

ところが、その二ヶ月後に『新潮45』一〇月号に出された文芸評論家小川榮太郎氏の論文（『新潮45』二〇一八年一〇月号　特別企画 そんなにおかしいか「杉田水脈」論文）は、上野氏と比較するのも失礼なほど無残でした。

テレビなどで性的嗜好《しこう》をカミングアウトする云々《うんぬん》という話を見る度に苦り切って呟《つぶや》く。「人間ならパンツは穿《は》いておけよ」と

私の性的嗜好も曝《さら》け出せば、おぞましく変態性に溢《あふ》れ、倒錯的かつ異常な興奮に血走り、それどころか犯罪そのものであるかもしれない

ＬＧＢＴの生き難さは後ろめたさ以上のものなのだというなら、ＳＭＡＧの人たちも生きづらかろう。ＳＭＡＧとは何か。サドとマゾとお尻フェチ（Ass fetish）と痴漢（groper）を指す。私の造語だ。ふざけるなという奴がいたら許さない。ＬＧＢＴも私のような伝統保守主義者から言わせれば充分ふざけた概念だからである

〈ＬＧＢＴは〉ポストマルクス主義の変種に違いあるまい

ＬＧＢＴという概念について私は詳細を知らないし、馬鹿らしくて詳細など知るつもりもない以上、支離滅裂で論評に値しないので、紹介するだけにとどめます。

ところで、ＬＧＢＴの問題を考えるとき、そもそも論として、小川氏が言うような伝統保守とかマルクス主義とかいったようなイデオロギーで語るのはいかがなものでしょうか？　ＬＧＢＴと左右の対立は関係ありません。リベラルの大御所である上野先生も、既にご紹介したような発言をされているわけですし。ＬＧＢＴはリベラルの専売特許のようですが、上野氏のように平気で差別する人もいます。保守の方々でも、私のようなオカマに理解がある人も大勢います。ＬＧＢＴは日本の伝統に反するから差別しなければならない、など歴史を知らない単なる思い込みです。むしろ、同性愛を差別するのは、西洋文明が本格的に流入した、たかだか一五〇年の出来事にすぎません。どんなに長く数えても一五〇年です。

ＬＧＢＴとは、男が女を愛する、そして女が男を愛するのと同様に、男が男を愛し、女が女を愛する、そして心が男女逆であるというだけの違いであって、違いがあるとすればたったそれだけの普通の人間なのです。それだけの違いなのに、差別や偏見や不利益が生じるのであれば、それを改善する必要があるのは当然のことであって、それ以上でもそれ以下でもありません。そして、もしＬＧＢＴ当事者や活動家が、普通の男女以上の権利を求めるのであれば、それは当然批判されて然《しか》るべきでしょう。しかし、人並みの権利を求めることまで、なぜ否定されなければならないのでしょうか。

オカマの二六八一年の歴史を振り返れば、栄光の歴史あり、どん底の歴史あり、良い影響を与えたことも悪い影響を与えたこともありました。しかし、それをすべて引《ひ》っ括《くる》めて、私は自分がオカマであることを誇りに思います。

実際の私たちに一度も接触したことがない方は、ぜひ一度、ゲイバーかニューハーフクラブに寄ってみてください。世間一般の普通の人たちと何ら変わりのない人たちだとわかることでしょう。

私が二〇代の前半にゲイバーに初めて行ったときも、本当にドキドキでした。

「どんな人たちなんだろう……、私のようなオカマでも受け入れてくれるのかなぁ……」とお店のドアの前で一〇分ほど立ち尽くしていたら、常連のゲイのお客様が、私に気付いたのか、手を引っ張って店の中に誘いました！

「マスター、この子が外でモジモジしてたわよぉ～！」

「あら、アンタ、ブスねぇ～、そこにお座んなさ～い！」

おわりに――「〜のせい」ではなく「〜のおかげ」

人間とは、未熟な生き物です。

子供の頃は、自分の人生を呪《のろ》いました。私には学習障害があり、勉強も運動も苦手でした。元来の吃《ども》り症で、その上、心が女性で好きになるのは男の子なのです。

九九が覚えられない、英語はちんぷんかんぷん、体育は何もかもできない……。

誰も、もちろん私自身も当時は学習障害のことなど知りませんから、親にも教師にも同級生にも「なんでこんなこともできないの？」と言われ続けました。

当然、「私、実は女なんです……」など言えるわけもなく、オカマだからではなく、何もできないからイジメられるのです。

そんなこんなで、私はすっかり親にもご近所さんにも教師にも同級生にも喋《しゃべ》ることができない子供になりました。

「私は何で生まれて来たのだろう……」

悲しさと苦しさで、何度死にたいと思ったことか……。

この頃の私は、すべてを環境のせい、人のせいにしていました。人生を呪い、すべてを呪い、そして、空想の世界に逃げました。

普段の私は一人称に「あたし」を使います。なぜなら、空想に逃げた先が、村岡花子訳の『赤毛のアン』（新潮文庫、一九五四年）であり、やはり空想好きの少女アン・シャーリーが使う一人称が「あたし」だったからです。

しかし、そんな環境の中でも、実は多くの人たちに助けられていました。広島は原爆のために墓所に行けば、昭和二〇年八月六日とその数日後や数ヶ月後に亡くなられた方の墓碑銘が多く刻まれているのですが、やはり被爆者である祖母に、ある年のお盆に聞きました。「原爆を落としたアメリカを恨んだりせんのん？」と、すると……。

「アメリカ恨んでご飯食べれるんなら、なんぼでも恨むわいね、でもほうじゃないんじゃけ、恨みゃあせんよ」

このとき、私の中で何かが変わった気がしました。「どうせ生きるんなら、誰かを恨むよりも、誰かのせいにするよりも、今、自分のできることをやることが大事だ」と！

そこで、吃りを治すための訓練を独自で始めます。地元局アナの話すことを聞いてマネしたり、当時流行《はや》っていた深夜のトーク番組『鶴瓶上岡《つるべかみおか》パペポTV』（読売テレビ、一九八七年～二〇〇〇年）の上岡龍太郎《りゅうたろう》師匠や笑福亭《しょうふくてい》鶴瓶師匠のトークを録画して、さらにウォークマンに録音してずっと聞いて話し方の練習を繰り返したり……。

私はそれまでを反省して、「～のせい」ではなく、「～のおかげ」と思うようにしました。

そう考えてみると、勉強や運動ができないのは相変わらずでしたが、社会科だけはスラスラ頭に入ってくることに気付くのです。これも、やはり学習障害のおかげなのです。

しかし、自分の心がどれだけ変わっても、当時の私には、「私は女です！」とだけは言えないのです。当然、恋だの愛だの無縁でした。

こうして、初めて水商売で働いたときに「私は女！」と勘違いする私が生まれました。

しかし、そこでママに言われたのが「アンタはオカマでしょ！」

私がなぜこの言葉に感謝するのか？

どんなに心が女性であろうが、体は男性であることには変わりません。それは、ホルモン注射をしようが、睾丸《こうがん》摘出手術をしようが、性別適合手術（性転換手術）をしようが、そして戸籍を変えようが……。

世間に違和感なく女性に見られようとすれば、それは並大抵の努力や根性では無理なのです。それには甘えなどもってのほか。

私でさえ、ここまでの人生を振り返れば、さまざまな努力も苦労もありましたが、性欲学以後の偉大な先人たちの歴史を見ると、私などまだまだ甘ちゃんだと感じます。

そして、自分の人生を振り返ると、こんな未熟な私にもかかわらず、本当に多くの人たちに出会い、支えられてきたと思います。私は、子供の頃は自分の人生を呪いましたが、オカマに生まれていなければ、そうした人たちには出会えなかったのだと今は思います。

この本を世に出せたのは、憲政史家の倉山満先生のご指導とご助言があればこそでした。これからもご指導よろしくお願いいたします。

さらには、編集者の本間肇さんには、私の処女作ということもあり、いろいろ至らぬ私のために大変ご尽力いただきました。かなりのご心痛をお掛けいたしたことだと思います。ここに深謝すると共に、心からの御礼を申し上げます。

そして、多くの方々のご尽力もありました。多くの仲間の皆さんの支えもありました。私のワガママを許してくれる家族の存在がありました。それもこれも素晴らしい多くの出会いがあればこそです。

すべての皆様に心から感謝いたします。そして、オカマとして生まれてきたことに心から感謝いたします！

著者略歴

山口志穂（やまぐち・しほ）

1975年、広島市生まれ。吉備国際大学卒業後、一般企業、ニューハーフクラブ等に勤務。3歳頃から、自らの性別に違和感を覚える。自らの心の性別を公表できないことに悩み、LGBT問題の解決を図るために当初はLGBT活動家に賛同。しかし友人が活動家からの甘えで鬱になったことで、LGBT活動家に疑問を感じる。またLGBT活動家の主張が日本の歴史に即してないことから、オカマが日本の歴史の中でどう位置づけられていたのかを調べ始める。活動家の問題点については小林よしのり氏の『ゴーマニズム宣言差別論スペシャル』、『新ゴーマニズム宣言スペシャル脱正義論』等の影響を受け、歴史については倉山満氏の著作の影響を受ける。

「LGBTの前に人である」ということから、右の思想にも左の思想にも偏らないことがモットー。自身がオカマであることに誇りを持っている。

オカマの日本史

2021年8月15日　第1刷発行

著　者　　山口 志穂

発行者　　佐藤 春生

発行所　　株式会社ビジネス社

〒162-0805　東京都新宿区矢来町114番地 神楽坂高橋ビル5階

電話　03(5227)1602　FAX　03(5227)1603

http://www.business-sha.co.jp

印刷・製本　大日本印刷株式会社

〈カバー・デザイン〉大谷昌稔

〈営業担当〉山口健志

〈本文組版〉メディアタブレット

〈編集担当〉本間肇

ISBN978-4-8284-2317-3

ビジネス社の本

教科書では絶対教えない偉人たちの日本史

日本をつくり、救った28人の日本人

倉山満……著

定価　1760円（税込）
ISBN978-4-8284-2263-3

《日本とはどういう国か？》

超人たちの偉業を見よ！

・国の礎を築いた――仁徳天皇
・民の世を切り拓いた武将――平清盛
・日本史上最高の演説政治家――北条政子
・動乱期に登場した超能力者――足利尊氏
・日本の危機を学問で救う――緒方洪庵
・憲政史上最高の総理大臣――桂太郎
・日本を滅亡から救った――昭和天皇

その他全28人

本書の内容

第一章　伝説から歴史へ
第二章　貴族の時代
第三章　武者の世に
第四章　乱世の英雄たち
第五章　豊かな江戸
第六章　大日本帝国の興亡
第七章　昭和天皇――日本を本物の滅亡から救ったお方